丛书编委会

大家精要
典藏版丛书

简 读

休谟

周晓亮 著

陕西师范大学出版总社　西安

图书代号　SK24N1919

图书在版编目(CIP)数据

简读休谟 / 周晓亮著 . — 西安：陕西师范大学出版
总社有限公司，2024.11
　　（大家精要：典藏版 / 郭齐勇，周晓亮主编）
　　ISBN 978-7-5695-4185-4

　　Ⅰ . ①简… 　Ⅱ . ①周… 　Ⅲ . ①休谟（Hume，David
1711-1776）—人物研究 　Ⅳ . ① B561.291

中国国家版本馆 CIP 数据核字（2024）第 026701 号

简读休谟
JIAN DU XIUMO

周晓亮　著

出 版 人	刘东风
策划编辑	刘　定　陈柳冬雪
执行编辑	王西莹
责任编辑	王雅琨
责任校对	陈柳冬雪
封面设计	龚心宇　张潇伊
出版发行	陕西师范大学出版总社
	（西安市长安南路 199 号　邮编 710062）
网　　址	http://www.snupg.com
印　　刷	深圳市福圣印刷有限公司
开　　本	889 mm×1194 mm　1/32
印　　张	7
插　　页	4
字　　数	128 千
版　　次	2024 年 11 月第 1 版
印　　次	2024 年 11 月第 1 次印刷
书　　号	ISBN 978-7-5695-4185-4
定　　价	49.00 元

读者购书、书店添货或发现印装质量问题，请与本公司营销部联系、调换。
电话：（029）8530786485303629 传真：（029）85303879

目　录

导　言

　　大卫·休谟（David Hume）是 18 世纪英国著名的经验主义哲学家、怀疑论者，是西方哲学史上最重要、最有影响的人物之一。

　　任何伟大的哲学思想都是时代的产物，如果我们要真正了解休谟哲学的意义和影响，首先要了解休谟所生活的时代和他的哲学在哲学发展中所处的地位。

　　休谟生活的时代被称作"启蒙的时代"，它因这一时期在欧洲发生的启蒙运动而得名。一般认为，启蒙运动始于 17 世纪的英国，然后扩展到法、德等国，在 18 世纪的法国达到顶峰。它实际上是思想文化战线上欧洲新兴资产阶级反对宗教蒙昧和封建专制的一次思想解放运动。启蒙思想家认为，宗教迷信禁锢人们的思想，是愚昧和落后的根源，封建制度扼杀人的自由，是人类解放和社会进步的障碍，对它们必须进行彻底的批判和铲除。在这种思想的指导下，启蒙思想家们把人作为理论思考的中心，把人的思想解放和社会解放作为自己的使命。他们敢于冲破旧思想的束缚，向一切落后、保守、不合理的传统观念和社会制度发起挑战，在他们的思想和作品中充满了勇于批判、积极进取、探索求新的创造精神，而他们所凭借的思想武器就是科学和理性。在他们看来，弘扬理性权威，用科学知识启迪人们的头脑，让科学和理性成为衡量和判断一切事物的尺度，是人类幸福和社会进步所提出的必然要求。于是，启蒙的时代也常被称作"理性的时代"，它造就了一批对人类理性发展作出了巨大贡献的思想家。

休谟就是这些伟大的思想家之一。他把自己的哲学称为"人性哲学"，表明了他要以人为中心，彻底考察人类本性的愿望。他的哲学思考充分体现了启蒙思想家对真理的执着追求和大无畏的批判精神。在休谟从事哲学研究时，英国的资产阶级革命已经完成，封建专制的枷锁已经被打碎，新的社会制度为思想自由提供了更广阔的空间。在此情况下，休谟既不用像他的英国前辈霍布斯（Hobbes）和洛克（Locke）那样为了逃避专制制度的迫害而逃亡海外，也不用像同时代的法国启蒙思想家那样随时准备因自己的言行而身陷囹圄，而是可以更自由、更大胆、更直接、更务实地表达自己的思想和观点。休谟哲学所表现出来的理论彻底性和怀疑主义的批判精神，正与他所处的比较宽松自由的思想环境有关。

在启蒙的时代，自然科学是人类理性充分发挥作用并取得巨大成功的领域。包括牛顿力学在内的一系列科学成就，极大地彰显了人类认识自然和改造自然的能力，深刻地改变了人们对人类自身及其与自然的关系的看法。随着自然科学的进步，科学的精神成为时代的精神，它不但为启蒙思想注入理性的活力，成为启蒙思想家反对迷信和愚昧的强大武器，而且深深影响着哲学的发展。当自然科学日益显示出推动社会前进和改变人类思维方式的巨大力量，自然科学知识如何可能的问题也越来越受到哲学家们的重视。他们从哲学的普遍性出发，热衷于讨论如下有关问题：人类知识的根本来源是什么？用哪种方法可以获得普遍必然的知识？何种知识是确实可靠的？知识的真理性的标准是什么？人的认识能力是否有限的？人是否能够认识超验的存在？等等。所有这些问题都是关于认识论的。当哲学家们将关注的焦点转向这些问题并对之深入探讨的时候，就将认识论放在了哲学的核心位置上，造成了对西方哲学发展有深远影响的"认识论转向"。这一时期的主要哲学家都把认识论当作研究的主题，并以此为其他领域的研究奠定基础，在这方面休谟也不例外。可以说，认识论研究构成了休谟哲学的主要部分，也是休谟哲学的最重要贡献所在，而他在伦理学、美学、宗教哲学、政治哲学等方面的许多观点，都是以他的认识论为基础的。

如果我们考察这一时期西方认识论的发展，可以看到，与其他哲学相比，休谟哲学居于十分特殊的地位，并因而具有了与众不同的意义。众所周知，这一时期西方认识论中有两个对立的派别：一个是由笛卡儿（Descartes）创立，由斯宾诺莎（Spinoza）和莱布尼茨（Leibniz）所发展的欧洲大陆理性主义哲学；另一个是由洛克创立，由巴克莱（Berkeley）和休谟所发展的英国经验主义哲学。两派哲学在各自发展和完善自己的理论观点的同时，相互之间也展开了激烈的争论，争论的焦点集中在知识的起源、认识的方法、真理的标准和认识能力的界限等问题上。大致而言，理性主义者认为人心中天生就有一些自明的"天赋观念"，只要在这些观念的基础上进行准确无误的推理，就可以获得包括形而上学命题在内的一切知识；经验主义者则认为人心就像一块"白板"，上面没有任何"天赋观念"，人的一切知识都是从经验发源的，只有在经验的基础上，通过复杂的归纳过程，才能获得确实可靠的知识。在两派哲学的各自发展和相互斗争中，各种观点互相批判、互相借鉴、互相影响、互相渗透，形成了十分复杂的局面，极大地促进了理论研究的深入。休谟是这两派哲学家中的最后一个人物。当他在从事哲学研究的时候，两派哲学的发展已经脉络分明，双方之间的斗争已经充分展开，这使得休谟可以比他的前人更全面、更透彻地把握这一时期哲学斗争的要害和特点，并进行深入的探讨和总结，从而成为这一时期认识论研究的集大成者。

休谟是经验主义者，他坚持了洛克关于一切知识来自经验的原则。但他反对洛克试图在经验知识的范围内避免怀疑主义的做法，也反对巴克莱诉诸"唯我论"来保证知识确实性的主张。他对经验知识的性质作了深入的考察，清楚地看到了经验知识的局限性和不确定性。他断言，经验的知识不能提供普遍必然性，如果将经验主义的原则贯彻到底，那么，其最终结果只能是怀疑主义。他尤其通过他的因果关系理论，将这个原理阐释得淋漓尽致。可以说，正是休谟将近代英国的经验主义哲学发展到其逻辑结局——怀疑主义。

休谟对经验知识的怀疑，其目的并不是全盘否定人的认识能力和获得知识的可能性，而是以怀疑的方式提出了哲学需要深入研究的问题：人类认识能力的界限在哪里？人如何才能获得客观有效的知识？可是，休谟的这个目的并不是人人都能理解的，在很长一段时间里，他都被当作不可救药的怀疑论者受到批判。这种情况直到另一位伟大哲学家康德（Kant）的出现，才发生了根本的改变。

康德是德国古典哲学的开创者。他起初信奉理性主义哲学，认为只要根据理性主义的方法，就可以获得一切客观有效的知识。休谟的怀疑主义，尤其是他对作为科学知识主要组成部分的因果知识的怀疑，使康德意识到，理性主义的方法是不能满足人的认识要求的，当理性主义者宣称能够获得一切普遍必然的知识时，他们的宣称只不过是"独断"。康德承认，休谟关于经验不能提供普遍必然知识的论断是完全正确的，但他又不甘心以休谟的论断为满足。他认为，普遍必然的知识是可能的，问题是要说明它是如何可能的，而要做到这一点，首先要对人类的理性能力进行考察，看看它是否能够满足，或以何种方式、在何种范围内满足人类的认识要求。于是，康德着手对理性主义和经验主义进行批判和综合，由此展开了他的"批判哲学"。休谟对康德哲学的影响是转折性的，用康德的话说，是休谟首先打破了他的"独断论的迷梦"，休谟的"第一颗火星"为他带来了光明。

总之，在近代西方哲学的发展中，休谟哲学是一个承上启下的关键环节：一方面，它对理性主义与经验主义的斗争作了总结；另一方面，它为康德哲学的产生作了准备。休谟主要因为这一突出贡献，奠定了他在西方哲学史上的重要地位。

不仅如此，由于休谟哲学充满了深刻的哲理和卓越的洞见，这使它不仅仅作为哲学发展过程中的一个过渡环节而存在，而且是超越了特定历史阶段的局限，对后来乃至当今哲学的发展也产生深远的影响。休谟哲学是西方哲学中公认的具有跨时代意义的重要学说之一。在这方面，特别要强调休谟哲学与后来包括实证主义、实用主义、新实在论在内的西方经验主义思潮的内在联系。休谟哲学是西方哲学中前所未有的最彻底的经验主义形式，所以，它所确定的原则和提出的问题，理所当然地成为后来一切经验主义者必须思考或借鉴的理论资源。实际上，除了上述那些经验主义思潮之外，在当今西方哲学中，凡是关注经验知识的性质，或把经验作为重要组成部分的哲学派别，几乎都把休谟哲学当作它们的思想源泉。于是，我们在西方的非理性主义、现象学、科学哲学等思潮中都可以看到休谟哲学的明显痕迹。由此，我们不难体会到休谟哲学所具有的现实意义。

综上，概括介绍了休谟哲学的时代背景和理论意义，下面走近这位伟大的哲学家，更详尽地了解他的生活、著作和思想。

第1章

生平和著述

立志做一个哲学家

大卫·休谟于1711年旧历（儒略历）4月26日出生在苏格兰的爱丁堡。他原姓霍姆（Home），后来鉴于英格兰人将霍姆读作休谟（Hume），才改姓后者。

休谟的祖上是贵族，父系属于霍姆伯爵的一支。休谟的父亲约瑟夫·霍姆曾在荷兰乌得勒支大学读法律，后来以律师为业。休谟的母亲凯瑟琳·福尔克纳也是名门之后，其父是苏格兰最高民事法院院长，享有爵士的头衔。休谟是家中最小的孩子，他还有一个兄长和一个姐姐。休谟2岁时丧父，但母亲未再婚，而是全力经营家业和抚养子女。休谟家在爱丁堡南部威克郡的奈因微尔士有一块祖传地产，休谟在那里度过了快乐的童年，并从母亲和家庭教师那里得到早期教育。休谟对母亲有很深的感情，他说他的母亲不但年轻美丽，而且"德性非凡"。

休谟的祖上虽然是贵族，但在政治上并不保守。在英国资产阶级革命的动荡年代，休谟一家始终支持革命，反对复辟斯图亚特王朝的封建统治。家庭的政治倾向对休谟政治观点的形成有很大影响，在许多重大的政治问题上，休谟都反对倒退，主张维护和加强英国的资本主义制度。在宗教信仰上，休谟一家都是苏格兰长老会的信徒，尤其休谟的母亲对宗教十分虔诚。主要受母亲的影响，休谟早年也信奉宗教，而且身体力行。比如，他曾经读过一本当时流行的宗教书《人的全部责任》，他找出书中列举的种种罪恶对照检查，看看自己是否有违背宗教的不良思想和行为。不过，宗教信仰的力量在休谟身上并未保持多久，在休谟十三四岁的时候，他就已经通过自己的理性思考认识到宗教信仰的荒谬，以至后来成为宗教的坚定批判者。不过，这个孝顺的儿子从不干涉母亲的宗教信仰，也没有因信仰问题与母亲争辩过。

1723年年初，休谟进入爱丁堡大学读书。他学习了希腊语、逻辑、形而上学、自然哲学、精神哲学等基本课程。不过，休谟最喜欢的是文学。那时所说的文学比现在涵盖广泛，包括哲学和历史。休谟在晚年写的《自传》中说："我很早就热爱文学，这种热爱成为支配我一生的情感，成为我的快乐的巨大源泉。"在校期间，休谟已经显示出从事学术研究的过人天赋和成熟。他天资聪慧，喜欢读书，求知若渴，喜欢思索，对学到的东西总要追根究底地问几个为什么，直到发现令自己满意的答案为止。在学校期间他写过一篇论文《历史论文：论骑士制度与现代荣誉感》。在这篇论文中，休谟特别注意从哲学和心理学的角度对历史事件进行分析，他的这一写作风格，在他后来写的《英国史》中得到坚持和延续。1725年，休谟因家庭原因辍学回家。

对许多人来说，离开学校似乎就是学习的终止，但对休谟则另当别论。休谟回家后，为自己制订了一个长期的学习计划，专心于自学。这种自主学习方式对于喜欢独立思考的休谟来说，成效显著。起初，休谟主要学习法律，这或多或少是出于家人希望他从事法律职业的考虑，但他很快发现他对法律毫无兴趣，于是，他决定回到他真正喜欢的哲学上来。他在《自传》中说："由于我的好学、沉静和勤勉，所以我的家人认为法律才是我的适当职业。但我发现，除了对哲学和一般学问的钻研以外，我对任何事情都有无法遏制的厌恶。"为避免引起家人的不快，休谟只好表面上佯装学习法律，而暗地里却在读哲学书。最后，在休谟的表亲、著名哲学家和美学家亨利·霍姆的支持和鼓励下，休谟说服家人允许他读自己喜欢的书。当休谟终于能够按照自己的意愿读书的时候，他感到无比的快乐。他在给友人的一封信中写道："现在我完全自行其是了，把自己关在图书馆里自享其乐……我只看我喜欢的书，因为我讨厌完成任务式的阅读。我有时看哲学家的书，有时读诗人的诗集……我独自生活得像一位国王一样。"

通过广泛的阅读和认真的思考，休谟最终确定将从事哲学研究作为自己的人生理想。他充满豪情地写道："凡是对那些哲学家和批评家有所了解的人都知道，在哲学和批评学这两门学科中至今毫无建树，有的只是无休止的争论，即使在一些最重要的论著中也是如此。由于考察了这些情况，我发现在我身上增长起一股勇气，它并非使我顺从于这些学科中的某些权威，而是引导我找出也许能确立真理的某种新方法。对此作了大量的研究和反省之后，终于在我约18岁的时候，一个新的思想天地在我面前展开了，它使我激动万分，使我凭着年轻人常有的热情，抛弃了其他一切爱好和事务，全力从事于此。我对原先打算从事的法律感到厌恶，我想除了当学者和哲学家以外，没有什么途径能使我在这个世界上开拓出远大前程。"休谟的这个决定出乎家人的意料，因为这意味着他要走一条几乎连生计都难以维持的人生道路。虽然休谟在其父死后得到了一笔遗产，但每年只有五十英镑，远远不能满足独立生活的需要；而且休谟的家庭也不富裕，不可能给他很大的支持。可是，休谟对此没有过多考虑，更不会因此动摇他的志向。虽然他只有18岁，却是一个矢志不渝的人，他一旦认准了前进的方向，就决心坚定不移地走下去。

过度的思虑和劳累使休谟得了一场大病。这时的休谟弱不禁风、形同槁木，连他本人也不能不为自己的健康担忧。他像法官判案一样认真审视自己的病情，认为主要是精神压力造成的。于是，他决定改变一下生活方式，以期身体好转。1734年3月，经人介绍，休谟来到当时英国的第二大城市和主要商港布里斯托尔，在一家经营食糖进口贸易的公司当职员。但他很快就对这项工作感到厌倦了，因为他始终摆脱不了对他所喜爱的哲学问题的思考。终于，在同商行管事就业务信函的文法问题大吵一顿之后，休谟离开了布里斯托尔。这时，他的唯一愿望就是尽快将他的哲学著作写出来。

人 性 哲 学

到哪里去写他的哲学著作呢？休谟选择了法国。尽管在法国的生活费用比较便宜是休谟作出这种选择的一个原因，但最重要的是出于他对法国文化的好感。他曾说，除了希腊人之外，法国人是唯一能将哲学家、诗人、演说家、历史学家、画家、建筑家、雕刻家、音乐家集于一身的；在戏剧方面法国人甚至超过了希腊人，而比英国人则不知强过多少倍。在休谟看来，在这样的文化氛围下撰写他的哲学著作是再合适不过了。

1734 年夏，休谟来到了法国。先是在巴黎，然后到兰斯，一年后，来到安茹省拉弗莱舍小镇（La Flèche）上的耶稣会学院学习。这所学院因法国的哲学泰斗笛卡儿曾就读过八年而名声显赫，休谟去时这里仍然是笛卡儿主义的一个中心。耶稣会学院的环境幽雅，藏书丰富，为休谟从事哲学研究提供了得天独厚的条件。休谟在此潜心著书两年，于 1737 年年中，完成了他的第一部哲学巨著《人性论》。

虽然休谟写这部著作用了两年多，但他的构思早在离开大学之前就开始了，在家自学时已经制订了写作计划。休谟将人性作为哲学研究的主题，因此，他的哲学也被称作"人的科学"或"人性哲学"。前面提到，休谟自称在 18 岁时"一个新的思想天地"在他面前展开了，这个"新的思想天地"就是指他对"人性哲学"的最初构想。休谟所说的"人性"不是如中国哲学中"人性善恶"说那样主要指人的道德本性，而是有更广泛的含义，包括了与人的认识、信念、情感、趣味、道德、社会行为等有关的一切方面。休谟将"人性哲学"的研究领域划分为四个学科，即逻辑学、伦理学、美学、政治学。逻辑学研究人的认识和推理，伦理学、美学研究人的情感、道德和审美趣味，政治学研究社会中人们之间互相依存的关系。他认为对"人性"的研究是其他一切科学研究的基础，在没有将"人性"的问题弄清楚以前，任何其他问题都不能得到真正的解决。

《人性论》全书分为三卷：第一卷《论知性》，是关于认识论的研究，其中详细论证了他的经验主义原则、因果关系理论和怀疑主义观点；第二卷《论情感》，是在认识论的基础上对情感及其作用的研究，并为情感主义的道德理论作了准备；第三卷《论道德》，是关于道德问题的全面论述，其中也涉及美学和政治哲学的某些内容。《人性论》是一部非常全面、非常系统、非常深刻的哲学著作，是休谟多年哲学思考的结晶。虽然休谟后来的哲学观点有许多发展，但它们的理论基础是在《人性论》中奠定的。

1737年秋，休谟怀揣《人性论》的书稿，踌躇满志地回到伦敦，立即着手出版《人性论》。因第三卷还要作一些修改，休谟决定先出版第前两卷。其中第一卷中的《论神迹》一节是批判神迹的可信性的，为避免冒犯教会，在亨利·霍姆的极力劝说下，休谟将这一节拿下没有发表。对此休谟久久不能释怀，他承认这是一种怯懦的行为，但绝不会因此放弃自己的观点。1739年1月，《人性论》前两卷出版，印数1000册，定价10先令，休谟获稿酬50英镑，赠书12册。1740年11月，《人性论》第三卷由另一位出版商出版。

休谟对《人性论》的学术价值充满自信，他以为单凭书中的观点，就可以得到学界的普遍欢迎。他曾对霍姆说，他所依据的原理与人们通常的看法大相径庭，以致他只要把这些原理提出来，就可以完全改变哲学的面貌。所以，休谟在安排《人性论》出版时，没有像许多人那样向名人致辞，或请求"大人物"的赞助，甚至连自己的名字也不署。可是，学界的反应令休谟大失所望，用他的话说："这本书一出世就死了，无声无息，甚至在热心者中也没有激起一丝反响。"实际上，《人性论》的问世并非如休谟所说的那样悲观，比如，当时书讯一类刊物多次介绍过这本书，也注意到了它的新颖观点和独创性。只不过休谟对这些简单的介绍和评论不感兴趣，他所希望的是哲学家们的重视和认可。然而，对于休谟的深刻思想和卓越洞见，当时的哲学界还没有作好接受和理解的准备，反而对他的哲学意图产生了许多误解。遗憾的是，直至休谟去世，他也没有看到真正能够理解他的哲学观点的著作出现。

为了使人们了解《人性论》的观点，休谟写了一本介绍《人性论》第一卷的小册子，名为《最近出版的题为〈人性论〉一书的概要》，于 1740 年 3 月出版。在这本小册子中，休谟简要介绍了《人性论》的革命性意义，概括了书中最具独创性的思想，着重说明了关于知识的起源、因果知识的性质、信念的本性及其在认识活动中的地位、观念联想的作用等观点。由于这本小册子的目的是使读者一目了然地把握《人性论》的主要思想，因此免去了《人性论》中许多烦琐论证，言简意赅，清楚明了，成为理解《人性论》一书的重要参考。不过，这本小册子的命运并不比《人性论》好，它出版后同样没有引起人们的注意，而且很快被遗忘了，直至它发表近二百年后的 1938 年，才被重新发现。

人们对《人性论》的误解注定要给休谟带来麻烦。1744 年，爱丁堡大学道德哲学教授的职位空缺，爱丁堡市长推荐休谟担任这个职务，但遭到以爱丁堡大学校长为首的一批人的强烈反对。他们援引《人性论》中的词句，给休谟扣上了主张普遍的怀疑主义，否认因果关系，否认有关上帝存在和作为宇宙第一因的正确论断，否认灵魂的非物质性，否认正确和错误、善和恶、正义和非义之间的区分等罪名，把休谟说成是一个反对宗教、亵渎神明、败坏道德的人。休谟对此没有保持沉默，他给爱丁堡市长写了一封信，针对这些指控一一进行了反驳。这封信被亨利·霍姆看到了，决定马上将它公之于众。1745 年 5 月，这封信以《一位绅士给他在爱丁堡的朋友的一封信》为名匿名发表。尽管休谟在信中的辩驳言之凿凿、入情入理，但仍然于事无补，市政会议没有接受休谟出任道德哲学教授的建议。

《人性论》问世后不被理解，迫使休谟对《人性论》本身的得失进行了分析。他认为，《人性论》中的基本观点并没有错，只是叙述的方式不够恰当，比如推理过于烦琐，对有些重要观点的强调不够等。于是，他决定对《人性论》进行改写。这一工作是在《人性论》出版多年以后进行的。第一卷的改写本书名为《人类理智哲学论》，于 1748 年出版，1758 年将标题改为现在的通行的《人类理智研究》。改写本减少了论证层次，使文章显得简练。在论述上更加突出了因果关系理论的地位，而这个理论也正是休谟对哲学的最重要贡献所在。此外，休谟还不顾友人的劝阻，将《人性论》中截下未发表的《论神迹》一节补入。休谟这样做是需要很大勇气的，因为这一节的内容很可能会引起教会方面的强烈反对甚至迫害。但休谟说，在这件事情上不能太怯懦了，而且自己行得正，说得对，不会让别人抓到借题发挥的把柄。不仅如此，休谟在这本书中还增加了《论自然宗教的实际后果》（后改为《论特殊的天意和来世的状况》）一节，针对宗教神学中关于上帝存在的证明进行了猛烈的批判。从这两件事可以看出，休谟对宗教的批判态度是很坚决的，这一点在他后来关于宗教的著作中更明显地表现出来。

休谟《人性论》第三卷的改写本书名为《道德原理研究》，出版于1751年。第二卷的改写本书名为《论情感》，是1757年出版的《论文四篇》中的一篇。虽然这三部著作是对《人性论》的改写，但它们绝不只是《人性论》的简单压缩或概括，因为里面包含了休谟许多新的思考和创见，它们同《人性论》一起，构成了休谟哲学的完整体系。不过，同《人性论》一样，改写本问世后也没有引起什么反响。休谟对此感到十分沮丧。

实际上，若说哲学家们对休谟的哲学思想毫不关心，也不是事实。比方说，他的苏格兰同胞托马斯·黎德就对他的怀疑主义进行了批判。黎德比休谟年长一岁，曾在阿伯丁王家学院和格拉斯哥大学任哲学教授。休谟的《人性论》一发表，就引起了他的注意。他认为休谟的论证是无懈可击的，但他所得出的怀疑主义结论是错误的。而由正确的推理会得出错误的结论，其原因只有一个，即推理的前提一定是错误的。他认为，这个前提就是一切知识都来自经验的原则。因为从这个原则出发必然会推出除了当下的经验之外其他一切都不可知的怀疑主义结论。黎德并不反对经验是人类知识的源泉，但他反对休谟的怀疑主义结论。他认为，这里的关键之处在于，我们不能因为坚持经验是知识的来源而忽视了人类认识还有一个更基本的东西，那就是常识。常识是人天生就有的，以判断的形式表现出来，它们是自明的、普遍的、必然的。黎德将物体的存在、心灵的存在、人的理性能力等人们争论不休的论题，以及数学和逻辑方面的公理等都当作常识确定下来，将它们作为一切知识的基础。在他看来，只要我们遵循常识的指引，以常识为认识的最终标准，休谟的怀疑主义就没有用武之地。显然，黎德并没有直接回答休谟关于经验知识的怀疑主义性质问题，而是打算用不证自明的常识回避这些问题，因此也有人认为他根本没有弄清休谟的问题之所在。不过，黎德的常识观点也不是毫无缘由的，因为它实际上反映了当时英国社会普遍要求重视现实生活、尊重人类常识的倾向。这就是为什么虽然黎德的思想不够深刻，却能吸引一批追随者，乃至形成了一个以"常识哲学"为名的哲学学派。

休谟对常识哲学怎么看？他当然不会同意常识哲学的观点，但也没有作任何评论，甚至在他的《自传》中也只字未提。这也许可以看作一个迹象，表明常识哲学并没有引起休谟的重视。不过，黎德对休谟是十分敬重的，他曾将自己的主要著作的部分文稿寄给休谟征求意见。休谟在回信中高度评价了黎德的能力和才学，同时表示对他的观点不能苟同，但又以未能看到全文为由而拒绝提出具体意见。最后，他在信中写道："如果你已经能够把这些深奥而重要的论题阐明了，而不是搞糟了，我将十分自得地妄求分享这个荣誉。我会认为，是我的错误，由于它至少有某种严谨性，才使你对我的那些原则作出严格的考察，并看出它们是无用的。"有人认为休谟的这番话是带讽刺意味的，至于是否真的如此，那只能由读者们自己去判断了。

阿伯丁马里萨尔学院的道德哲学和逻辑学教授詹姆斯·贝蒂是黎德的追随者，他于1770年出版了一部名为《论真理的性质和不变性：反对诡辩和怀疑主义》的著作，猛烈抨击休谟的怀疑主义。这本书得到广泛欢迎，英王乔治三世说它"将休谟先生连根铲除了"。当时还流行一幅漫画，画面上贝蒂身穿博士袍，臂下夹着他那本书，旁边一位代表真理的天使正在将休谟打入深渊。休谟对贝蒂十分反感，他谈到贝蒂的那本书时说："真理，这哪里有什么真理，满纸都是弥天大谎！"后来，针对常识学派的批评，休谟承认《人性论》中的论述确有疏忽和不当之处，但人们不应抓住不放大肆攻击，因为他后来的那些著作才真正代表了他的哲学情感和原则。

政 论 扬 名

除了对真理的追求，支配休谟一生的另一个重要情感是热爱文名，他总希望能够凭借自己的作品赢得世人的尊敬和赞赏。这对于一位立志献身学术的人来说，是再正常不过的。《人性论》问世后的遭遇使休谟十分气馁，但他并没有一蹶不振，他的乐观天性使他很快从沮丧的心情中恢复过来，回到奈因微尔士乡间的家中开始新的写作。这次他将写作的重点从抽象的哲学思辨转移到社会道德和政治生活问题上来。一方面，他要改变一下自己的口味，在新的领域展示才能；另一方面，他也希望通过探讨公众关注的现实问题为自己赢得文名。从 1739 年至 1740 年的短短几个月里，休谟写了一系列与社会生活密切相关的短文，内容涉及政治、哲学、美学、伦理学等各个方面。他本来打算将这些短文在一本杂志上定期发表，后来决定将它们收在一起出一本集子。1741 年，这本《道德与政治论文集》在爱丁堡问世。同以前一样，书上没有署作者的名字，只在书的前言中称"作者是个新人"。

这本书一上市就受到普遍的欢迎，被热心的读者抢购一空，书商们纷纷要求再版。几个月后，修订的第二版被投向市场，也很快售罄。1742年1月，休谟写的《道德与政治论文集》第二卷也出版了，同样受到欢迎。与《人性论》出版时的冷清相比，这真可谓失之东隅，收之桑榆。对于这样的结果，休谟喜出望外，他终于看到了自己的声名鹊起，因《人性论》受挫而残存在心里的几丝阴霾也一扫而空。

《道德与政治论文集》的成功在很大程度上是由其中的政论文章带来的。当时英国的政党斗争十分激烈，各种出版物几乎都成为党派斗争的喉舌，广大民众对此深为不满。而休谟一开始就把自己定位为一位平民作家，在党派斗争中采取不偏不倚的公正立场；在写作风格上，他注重从哲学的角度对社会现象进行分析，避免卷入就事论事的烦琐争论中去，加上他的文笔生动、深入浅出，给人以耳目一新之感，因此颇受广大读者的欢迎。有的文章甚至政界也不能不刮目相看。比如，文集第二卷中有一篇短文《罗伯特·渥尔波爵士其人》，篇幅只有两页，却使休谟大出风头。渥尔波是辉格党首领，1721年至1742年任英国首相，他在位时确立了英国的内阁制度。1742年2月，他因外交政策遭到英国下院的反对而被迫辞职。恰在此前一个月，休谟发表了上述短文，辛辣地讽刺和抨击渥尔波的言行。当渥尔波的下台成为事实，休谟的短文被看成是有先见之明，当时的许多报纸和刊物都作了转载。休谟得意地说："所有的英国人都知道我的观点了。"不过，休谟毕竟是一个生性宽厚的人，当欣喜过后，他又感到他的批评对于一位失势的政坛要人过于苛刻了，竟至萌生了歉意。他说："《罗伯特·渥尔波爵士其人》一文是我在几个月前写的，那时这位伟人的权势如日中天。我应当承认，在现在，当他似乎在走下坡路的时候，我倒更倾向于往好处想他，而且觉得我之所以带着某种偏见去反对他，是出于每一个血统纯正的英国人对内阁大臣们的天生厌恶。"1748年《道德与政治论文集》再版时，这篇文章被放在脚注里；1770年休谟的著作集出版时，这篇文章被去掉了。

休谟的政论文章为他赢得了文名，但如果因此以为休谟不顾原则，热衷于哗众取宠，那就错了。他的论文是以他的基本政治立场为依据的，在这方面休谟同样是严肃而负责任的思想家，尤其是在事关国家命运的重大事件发生的时候。

1745年7月，企图复辟斯图亚特王朝的詹姆斯党人在法国的支持下发动叛乱。詹姆斯二世之孙查尔士·爱德华率兵五千在苏格兰西海岸登陆，一度攻克了爱丁堡，并多次重创英军，后来在克洛登战役中被英军击败，于1746年9月退出苏格兰。这次叛乱是英国"光荣革命"后的资产阶级政权所面临的最严重的复辟危险。

叛乱发生时，休谟正在一位患有精神疾病的青年侯爵安南戴尔家里做私人教师，他始终密切注视着事态的发展。虽然出于安全的考虑，休谟出言谨慎，但他内心里坚决反对复辟旧制度的任何企图。也正是在叛乱期间，休谟针对当时的局势和国内政治的现实，写了三篇十分有分量的政论文章。这三篇文章是《论原始契约》《论被动的服从》和《论新教继承权》。在前两篇文章中，休谟考察了辉格党和托利党的国家理论和实践后果，反对封建色彩浓厚的"君权神授"说，明显支持辉格党的主张。在第三篇文章中，休谟通过比较证明，不论在理论上还是在实践上，英国王位由新教徒继承要比天主教徒继承好得多。众所周知，英国资产阶级革命是在新教的旗号下进行的，排除天主教徒继承王位的可能性，也就是排除了通过王位继承复辟斯图亚特王朝的可能性。休谟还明确指出，斯图亚特王朝的统治造成了人民与王权的对立，引起了政府的危机和社会的动乱，因此，在英国恢复斯图亚特王朝的统治是不适宜的。休谟的这篇文章无异于对詹姆斯党人叛乱的表态。休谟打算将这三篇文章结集出版，但由于第三篇文章过于敏感，负责为他出书的朋友将它拿下，代之以另一篇文章《论民族性》。1748年2月，文集出版，名为《道德与政治论文三篇》，休谟第一次署上了自己的真实姓名。

休谟性格秉直，这在对待叛乱期间发生的另一件事情上又一次表现出来。叛乱结束后,爱丁堡市长阿奇博尔德·斯图尔特因城池失守受到投降罪的指控。1747 年 10 月,休谟写了一本 51 页的小册子《对阿奇博尔德·斯图尔特市长的活动和行为的真实说明》为之辩护,认为市长在敌我力量悬殊的情况下已经尽到了自己的职责,不应论罪。出版商担心惹来麻烦,直至 1748 年年初斯图尔特被宣判无罪后才将书出版。

休谟对社会政治问题的关注,使他成为一个涉猎广泛的多产作家。1752 年,休谟的又一部政论著作《政治论》(*Political Discourses*)面世。休谟称它是他的全部作品中唯一一部首发成功并在国内外都大受欢迎的著作。它由 12 篇文章组成,包括此前未发表的那篇《论新教继承权》。这本书之所以能为许多读者关注,在很大程度上是由于其中关于经济问题的几篇文章,比如《论货币》《论利息》《论贸易平衡》《论商业》《论税收》《论公贷》等。在这些文章中,休谟反对过时的重商主义,提出货币数量论,提倡贸易自由,为当时迅速发展的英国工商业作论证。休谟因这些文章而确定了他在西方政治经济学史上的地位。他作为英国古典政治经济学的先驱,对后来亚当·斯密的思想有很大影响。

爱丁堡——"学者的真正舞台"

在西方哲学史上，一般称休谟是英国哲学家，但更准确地说，应当称他是苏格兰哲学家。这不仅因为休谟是苏格兰人，他的主要哲学活动在苏格兰，还因为他的思想更多地体现了当时苏格兰文化发展的特点。从历史上看，英国的资产阶级革命主要是在英格兰进行的。在革命时期，英格兰出现了霍布斯和洛克那样的伟大哲学家，他们的思想代表和反映了那个时代的革命要求。而苏格兰则不同，在革命时期它曾经是斯图亚特王朝的大本营，只是在 1707 年与英格兰正式合并后，才开始充分享受资产阶级革命的成果，从而为苏格兰的社会生活带来了巨大变化。这一变化不但表现在资本主义制度在苏格兰得到确立和加强，促进了苏格兰的社会进步和工商业发展，而且表现在思想文化上的空前解放，出现了历史上著名的苏格兰启蒙运动。这场运动与英国早期的启蒙运动不同。如果说英国早期启蒙运动的主要任务是为资产阶级革命造舆论、发预言、作论证，那么，苏格兰启蒙运动则是在资本主义制度完全确立后，伴随着进步的社会变革而出现的一次普遍的文化繁荣。由于社会的进步和思想环境的宽松，所以不论在规模上、声势上，还是在取得的文化成就上，苏格兰启蒙运动都远远超过了英国早期的启蒙运动。在哲学方面，英国哲学的中心从英格兰转移到苏格兰，而休谟则是苏格兰哲学的最主要代表。

1751年，休谟从奈因微尔士的乡间搬到爱丁堡。爱丁堡是苏格兰首府，也是苏格兰启蒙运动的中心，这里云集了思想界的大批精英，各种学术团体如雨后春笋纷纷涌现，文化生活丰富多彩，当时被称作"大不列颠的雅典"。休谟对这座充满文化活力的城市十分喜爱，他说这里是"学者的真正舞台"。后来，他除了出访法国和在伦敦任职外，再也没有离开过爱丁堡。由于休谟的学术成就众所公认，而且他待人宽厚、谦和、坦荡、注重友情，因此很快得到学者们的尊敬和拥戴。他在爱丁堡这个学者的"舞台"上也如鱼得水、十分活跃。

爱丁堡有一个"哲学学会"，成立于1731年，是苏格兰启蒙运动的产物。1751年年末，休谟迁居爱丁堡不久，就被选为哲学会的秘书。学会的主要活动是开展学术讨论、宣讲论文、编辑和出版论文集。休谟的《政治论》在出版前曾在学会宣讲过，他还参与了学会文集的编辑工作。1754年，休谟参加了由社会名流组成的文化团体"上流社会"，他与亚当·斯密和亨利·霍姆等人是文化界的代表。在同年6月召开的第三次会议上，休谟被选为司库和程序与法规常设委员会委员。

休谟的深厚学识和良好秉性为他赢得了许多朋友，其中最重要的无疑是亚当·斯密。休谟在迁居爱丁堡之前就与亚当·斯密认识，后来亚当·斯密去了格拉斯哥，两人在一起的时间并不长，但两人的友谊非常深厚。究其原因，除了两人的脾气相投外，更重要的是两人学术上的惺惺相惜。亚当·斯密将休谟关于同情的学说发展为他的伦理学的核心概念，并从休谟的经济观点中汲取了营养。休谟经常与亚当·斯密通信交流思想，还将论文寄到亚当·斯密参与创建的格拉斯哥哲学会去宣读。休谟还在爱丁堡的家中专门为亚当·斯密留了一间卧室供其来爱丁堡时居住。1752 年，格拉斯哥大学逻辑教授的职位空缺，亚当·斯密极力推荐休谟担任这个职务，但由于教士们的激烈反对而未能如愿。虽然休谟对宗教抱批判态度，但这并不妨碍他在宗教界广交朋友。当然，这些朋友主要是那些主张宗教宽容的开明人士。休谟可以同这些人自由地讨论宗教问题，但都不把自己的观点强加给对方，并能保持良好的友谊。当休谟受到教会极端分子的攻击时，这些朋友经常出面保护，使休谟安然无恙。

1752 年，休谟被选为苏格兰律师公会图书馆的管理员，尽管收入不高，却是令人羡慕的高雅职位。休谟接受这个职位有他自己的考虑，那就是可以利用这里的丰富藏书撰写他的《英国史》，这也是他迁居爱丁堡后最重大的一次创作活动。休谟对历史有浓厚的兴趣，早在安南戴尔侯爵家里当私人教师时，他就打算写一部英国史，并一直为此作准备。在图书馆工作为他收集资料提供了得天独厚的条件。不过，图书馆在管理体制上的僵化和保守使休谟很不愉快。1754年4月，休谟选购了一批图书，图书馆董事会认为其中包括拉·方丹的《故事集》在内的三本法文书是"下流"读物，将其从书架上撤下，并指责休谟滥用职权，规定以后购书必须经董事会批准。休谟对董事会的决定十分不满，但为了能继续利用图书馆的资料来撰写《英国史》，他直到1757年才提出辞职。

从1754年到1762年，休谟陆续完成和出版了四卷六册的《英国史》。各卷的写作和出版没有按时间顺序。最先写出的第三卷是关于斯图亚特王朝统治时代的，如何评价这个时代是当时最敏感的话题。休谟的重点不是放在史料的收集和整理上，而是放在对历史事件和人物的分析和哲学思考上。他对这种写法颇为自得，认为他是唯一能够抛开现世的权力、利益、权威、偏见等种种考虑而客观公正地看待历史的人。比如，休谟在对查理一世受审和被处死一事的评价中，他既批评国王滥用权力带来的危险，也指出民众的过激行为造成的损害，同时毫不掩饰对这位国王人格上的好感。

他的意图是要从这一事件中汲取教训，巩固和完善英国革命中建立起来的君主立宪制度。人们对历史的看法历来是仁者见仁、智者见智，何况斯图亚特王朝的命运是直接与英国的资产阶级革命联系在一起的，所以这本书一出版就引起了轩然大波。休谟的观点受到各界人士的攻击，人们众口一词地指责他是斯图亚特王朝的同情者。休谟描述说："人们都攻击我，向我发出斥责、非难甚至厌恶地叫喊来。英格兰人、苏格兰人、爱尔兰人、辉格党人、托利党人、教士、各教派的人、自由思想者、宗教家、爱国者和宫廷中的人，都一致对我表示愤怒，因为我擅敢对查理一世和斯特拉福伯爵的命运洒一掬同情之泪。"

在狂风暴雨般的谴责声中，休谟沮丧到了极点，他甚至想隐姓埋名躲到国外去，永不回乡。尽管如此，休谟的自信、豁达和坚韧的性格最终还是占了上风，他决意不管别人说什么，一定要将《英国史》继续写下去。1756年，当从查理一世死到"光荣革命"时期的《英国史》第四卷出版时，舆论的风向才发生了转变，赞赏的声音不绝于耳，以至原来人人唾骂的第三卷也开始渐受欢迎。至《英国史》全部出版，休谟已经成为家喻户晓的历史学家。休谟在世时，他作为历史学家的声望远远高于作为哲学家。至于休谟的《英国史》本身，直至整个19世纪都堪称典范。法国大文豪伏尔泰曾赞扬说："这部《英国史》的声望登峰造极，它很可能是迄今为止用任何语言所写的历史书中最好的一部。"

法 国 情 结

在休谟的一生中，对法国有特殊美好的感情。这不仅因为他早年在法国学习并写成《人性论》，而且因为他从内心对法国文化的尊敬和热爱。他把法兰西民族看成最具优良传统的民族，将法国首都巴黎说成"世界上我永远最喜爱的地方"，他甚至几次打算定居法国。

随着学术声望的提高，休谟与法国思想界的联系也愈益密切，其中特别值得一提的是他与法国大思想家孟德斯鸠的交往。1748 年，休谟读到孟德斯鸠的新作《论法的精神》，非常欣赏，随后给孟德斯鸠寄去了他读后的意见。孟德斯鸠也读过休谟的《道德与政治论文集》，给予很高的评价。后来，孟德斯鸠又亲自给休谟寄去一本《论法的精神》以为纪念，休谟则以刚刚出版的《人类理智哲学论》作为回赠。1749 年年末，在休谟的帮助下，《论法的精神》的英文节译本在爱丁堡出版。此后，两人一直保持通信联系，直至孟德斯鸠于 1755 年去世。

法国友人多次邀请休谟访问法国，但一直未能成行，直至 1763 年，一个偶然的机会使休谟又一次踏上了法国的土地。那年初夏，休谟突然接到英国新任驻法公使赫特福德的邀请，要他作为私人秘书赴法履职。休谟接受了邀请，于同年 10 月随新任公使来到巴黎。

休谟的到来引起了极大的轰动。因为在法国，休谟的大名几乎无人不晓。他的政治著作和《英国史》（关于斯图亚特王朝部分）已经被译成法文，引起了广泛的好评。人们把休谟看成欧洲最伟大的思想家和最杰出的天才，对他的赞美和崇拜几乎达到狂热的地步。一位旅居法国的英国人曾深有体会地描述休谟在法国的影响，"他每到一个地方，人们几乎都会对他说同样的话，'你认识休谟先生吗？我们对他敬佩之至'。"休谟的一位商人朋友曾写信向休谟表示感谢，因为当法国人知道他是休谟的朋友都会给他以格外的关照，这使他生意兴隆。

当然，休谟一到巴黎首先感受到的是上层社会对他的热情欢迎。他刚刚踏进英国驻法公使馆，还没来得及更衣洗尘，就被拉去参加盛大的欢迎宴会。一时间，休谟成为巴黎社交界关注的中心，不论是王戚贵族、爵士元帅，还是各国使节，都对他极力吹捧。起初，休谟还得意地说："他们把我看成世界上最伟大的天才之一。"可是，很快他就感到不自在了。他向友人抱怨道："一连三个星期受到如此多的吹捧，遭这样的罪，我相信，即使路易十四一生中也绝不会碰到。我说这是遭罪，是因为它实际上使我不知所措、处境尴尬，使我看上去就像十分怯懦似的。"这时，休谟恨不得马上回到爱丁堡的家中，与自己最亲密的朋友在一起。当然，在最初的狂热过后，休谟渐渐习惯了巴黎的生活，尤其与法国文化和学术界的交往，使他感到由衷的惬意和快乐。而在这方面给休谟以最大帮助的是巴夫勒伯爵夫人。

巴夫勒伯爵夫人原名玛丽·夏洛特·伊波利特。她端庄美丽、雍容高雅，后来成为孔蒂亲王的情妇。她与休谟的交往始于休谟来法之前的1761年。当时，她慕名给休谟写了一封信，表达了对休谟的尊敬和崇拜，把休谟称为完美的哲学家、政治家、天才的历史学家、开明的政治学家、真正的爱国者。休谟与她保持了密切的通信联系，两人的友谊也日渐加深，直至发展成一种近乎爱情的关系。休谟一生未婚，但他并非不近女性，对他有好感的优秀女性也不乏其人。他之所以未婚，除了他将全部精力用在学术事业上无暇顾及婚姻，似乎也找不到其他合适的解释。不论怎样，休谟与巴夫勒伯爵夫人的交往是后来人们津津乐道的有关他的少数爱情故事之一。

巴夫勒伯爵夫人在法国上流社会十分活跃。当时法国的文人学者经常在私人宅第的客厅里聚会，谈论思想文化各方面的问题，即所谓的"文化沙龙"。"文化沙龙"的主持者往往是这些宅第的女主人，她们为聚会作出安排，甚至确定讨论的题目。巴夫勒伯爵夫人就是这样一位女主人，在她精心安排的"文化沙龙"里，休谟是常客，他在此结识了法国的许多重要思想家，度过了一段美好的时光。这些思想家大多数是哲学家和科学家，其中包括法国"百科全书派"的主要人物狄德罗、霍尔巴赫、达朗贝尔、布封、爱尔维修等人。休谟对这些法国思想家给予很高的评价，认为他们是人类的精华，与他们结下了深厚的友谊。这些法国思想家也对休谟极为赞赏。狄德罗称休谟是"深受热爱、备受尊敬的大卫"，霍尔巴赫表示为能留在休谟这位伟人的记忆中而自豪。伏尔泰当时隐居在瑞士边境的凡尔纳，未能见到休谟，但他认为休谟是真正的哲学家，对他在《英国史》中表现出的公正和客观大加赞扬。

不过，休谟与法国思想家们的互相敬佩，并不表明他们在思想观点上完全一致。法国思想家一般明确主张唯物主义，认为世界的本质是可以认识的，他们难以接受休谟的怀疑主义，认为他的思维方式过于偏执和狭隘。在宗教问题上，双方观点的差异也很明显。休谟虽然反对宗教的荒诞和迷信，但出言谨慎，更注重辨义明理；而许多法国思想家是"战斗的"无神论者，与宗教势不两立，因此对休谟在宗教问题上的矜持态度很不满意。有一次,休谟与法国思想家们在霍尔巴赫家里聚餐。休谟在席间说,他不相信无神论者,他也从来没有遇到过无神论者。坐在他身旁的霍尔巴赫环顾四周,调谑地答道:"这里的十八个人中,有十五位是无神论者,还有三位尚未作出决定。"休谟的一位苏格兰朋友不无感慨地说到休谟的处境:"休谟真可怜,在海峡那边他被认为宗教太多了,而在这里却被认为宗教太少了。"

1765 年,赫特福德调任爱尔兰总督,在新公使到来之前,休谟代行公使职权四个月,充分展示了他的外交才能。这也是他一生中颇为自豪的一段经历。

1766 年 1 月,休谟离开巴黎回国。与他同行的是法国著名思想家卢梭。卢梭出身贫寒,思想激进。他的主要著作《论人类不平等的起源和基础》《社会契约论》《爱弥儿》等在思想界引起了很大反响,也触犯了封建统治者和教会,于是受到疯狂迫害,在法国几无藏身之处。在友人的提议下,休谟邀请卢梭同行到英国暂避。此前休谟与卢梭未曾谋面,但两人都仰慕和尊重对方的学识。起初,两人相处和睦,顺利到达伦敦。但此后不久,卢梭的受迫害妄想症的旧病发作,无端猜忌休谟伙同法国的哲学家迫害他,并向他在法国的友人写信抱怨休谟,甚至将信散发给英国的报刊、休谟的朋友和休谟本人。1767 年 5 月,卢梭不辞而别,返回法国。

对于卢梭的猜忌，休谟表现得十分克制，多次给卢梭写信加以解释，但都无济于事。鉴于卢梭已经将事情弄得沸沸扬扬，在达朗贝尔等人的要求下，并考虑到自己的声誉，休谟不得不写了一篇记事，对事情的原委进行说明。他不想将事情扩大，只将这篇记事印了三份，一份寄给达朗贝尔，一份寄给赫特福德，另一份自存。后来达朗贝尔和斯华将其摘要发表，名为《关于休谟先生与卢梭先生的争吵的简要而真实的说明》。虽然在这件事上卢梭的行为极端无礼，造成的影响也十分恶劣，但休谟在《自传》中只字未提。

"圣·大卫"

从法国归来后，休谟本想隐居家中，从此不再外出，可是他的计划再次被改变。1767年，赫特福德的兄弟国务大臣康威将军邀请休谟在他主管的北方事务部任副大臣。休谟却之不恭，只好接受了邀请，赴伦敦履任。

休谟是一位有主见的思想家，他善于利用自己的地位对政务的处理施加影响。在任期间，他表现出了出色的处理政务能力。比如，休谟一贯支持宗教宽容主义，反对宗教迫害和狂热。1767年5月，当苏格兰长老会举行高层会议时，休谟主动起草了一封致会议的信，以国王的名义发出。信中希望会议能始终贯彻团结、和谐和友爱的宗旨，这给了教会中的宗教宽容主义者以很大的鼓励。当他们得知这封信是休谟写的，都对他表示感谢，并决定要严守秘密。

休谟任副大臣时，英国政府与北美殖民地的矛盾日益激化。休谟对这一事态的看法非常理智，与英国政府的立场截然不同。他赞成取消印花税，支持北美独立。在一次讨论英美关系的会议上，针对有人坚持英国对北美殖民地的"治权法案"，休谟反驳说：对待一个国家就像对待一个人一样，要根据不同的年龄采取不同的方法。当一个人在幼年时期，偶尔给他一顿鞭打，以起到教育的作用，无疑是有好处的。但当这个人已经长大成人，再用鞭打就不合适了。他明确表示："原则上我是站在美利坚人一边的，而且希望能让他们按照他们认为合适的办法去单独管理他们自己，哪怕管理得不当也罢。"此外，休谟与北美杰出的思想家、科学家本杰明·富兰克林也有密切交往。富兰克林曾应休谟的邀请为爱丁堡哲学会写过关于避雷针用法的文章。1771年10月富兰克林访问爱丁堡时就住在休谟家中，两人就各种感兴趣的问题进行过长谈。

1768年1月，休谟辞去了在北方事务部的职务，然后在伦敦修订《英国史》，于1769年8月回到爱丁堡。这时的休谟可以说是功成名就，他已经成为英国乃至整个欧洲闻名遐迩的大思想家。人们对休谟的尊重似乎也随着他的声望的增长而日益加深，甚至多少将他神圣化了，以至人们开始称他为"圣·大卫"。伏尔泰称休谟是"我的圣·大卫"，苏格兰人则更乐于称他为"苏格兰的圣·大卫"。1771年，休谟迁至在爱丁堡新城购置的新居。当时新居所在的街道未命名，一位同休谟十分要好的女孩淘气地在休谟家房外的墙上写下了"圣·大卫街"的字样，于是人们照此称呼，相沿成习。后经官方批准，正式将这条街定名为"圣·大卫街"，并保留至今。在这里沿街的一幢高大建筑物的墙上，可以看到有这样一段文字："1771—1776，大卫·休谟在此处的一幢房子里居住"。

按照西方的传统，在一个人的名字前冠以"圣"字，一般是教会赋予杰出信徒的尊称，但人们也往往将它用在品德出众的优秀人物身上。休谟的情况显然属于后者。在众多的西方思想家中，休谟的品格是令人称道的。他为人谦和、坦诚、大度、重情义，能愉快与人相处，从不计较个人恩怨。用他自己的话说，他的情感在各方面都是非常"中和的"。在学术研究中，他既能坚持自己的观点，又绝不强加于人。尤其对文字之争，他总是抱着一种处之泰然、乐观向事的态度。他曾对友人说，有时反对他的观点的书可以铺满一大间屋子的地板，但他对任何一本都不予答复，这并不是因为他的藐视，而是因为他希望闲逸和安静。即使在遇到挫折的时候，他也总能很快从沮丧和气馁中解脱出来，恢复积极向上的心境。休谟自称一生最爱文名，这与其说是学者的一种虚荣，不如说是出于他对自己的研究成果的热爱和尊重，他希望他的著作和观点能够得到学界和公众的认可。

亚当·斯密这样评价休谟："就他的哲学观点而言，毫无疑问，人们有各种不同的判断。每一个人都根据与自己的观点是否一致，来赞同或谴责这些观点。但说到休谟的品行，人们几乎没有任何不同的看法。的确，他的性情刚柔适度，在我认识的人中无人能及。即使他在经济上最拮据的时候，尽管他不得不非常节俭，却并不妨碍他在必要时做出仁慈和慷慨之举。这种节俭不是出于贪婪，而是出于不依据任何理由的爱。他有极其文雅的天性，但这种天性从来没有削弱他的坚定思想和决心。他永远是那样幽默，这是他的良好品性的真实流露；这种品性是优雅而谦和的，没有任何一点儿恶意，而其他人的所谓机智往往因为有这种恶意而不招人喜欢。他的嘲笑并不是要给人以伤害；因为它绝不会使人不快，所以，即使是他所嘲笑的那些人，也往往会从中得到愉悦和快乐。在常常被他嘲笑的朋友们看来，他的谈论因其中的嘲笑而令人喜欢，在他所有伟大而可爱的品质中，也许没有任何一种能像他的嘲笑那样达到这种效果。这种快乐的性情，在社会中可以使人感到很愉快。不过，在别人那里，这种性情往往带有轻佻、浅薄的性质，可是在他身上，伴随这种性情的，却无疑是最艰苦的努力、最广博的学识、最深刻的思想和在各方面最全面的能力。总之，我一直认为，无论在他生前还是死后，在人类脆弱的天性可能允许的范围内，他都接近于人们所想象的具有完美智慧和德行的人。"

哲 人 之 死

1772年，休谟打算在爱丁堡安度晚年，他的身体开始出现不适的症状。起初他并未在意，三年后，症状明显加剧，表现为发烧、腹泻和内出血。休谟自知离死期不远，因为他的母亲就是死于这种疾病。面对死亡，休谟没有表现出恐惧和消沉，他仍然一如既往地读书、写作和谈笑，保持了哲人的平静和坦然。当他听说吉朋的《罗马帝国衰亡史》和亚当·斯密的《国富论》出版，马上找来阅读，并致信向他们表示祝贺。他说，如果能让他在一生中选出一段时间再过一遍的话，他一定会选择这最后一段时光。

休谟对死亡的态度是与他对宗教信仰的看法联系在一起的，因为他根本不相信宗教信仰中关于灵魂不死，死后上天堂、下地狱之类的说教。博斯威尔是休谟的朋友，他在看望休谟时问到，在死亡即将来临之际，他是否还坚持认为来世是不存在的。休谟给予了肯定的回答。博斯威尔又问是否有来世存在的可能性，休谟回答说："我们可以设想，将一块煤投到火里，它并不会烧掉，但我们决不能设想我们会永远不死地活下去，因为那是最不合理的事情。"博斯威尔不解地追问道："来世的概念不是很令人高兴的吗?"休谟回答说："并非如此，因为美妙的来世总要通过令人忧郁的方式来得到，比如，在我们期盼美妙来世的同时，不是总要想到有一个可怕的地狱的存在吗?"

休谟反对宗教迷信的态度是十分坚决的。他在去世前最惦记的事情就是对宗教迷信的批判。亚当·斯密去看望休谟，休谟谈到他读过琉善的《死亡对话》后的感想。他说，当他来到卡戎神（*希腊神话中将亡魂渡过冥河送到阴间去的神*）的渡船边，想拖延上船的时间，但又找不到修建房屋、抚养子女之类的借口。他只好对卡戎说："好卡戎，我一直在修订我的著作的新版本，请给我一点时间，以便我能看到公众对这些修改是怎样看的。"卡戎说："如果你看到了结果，你还会对著作作改动的，你的这个借口就会没完没了了。尊敬的朋友，还是请上船吧。"休谟说："耐心一点，好卡戎。我一直在努力使公众睁开他们的眼睛。如果我能再多活几年，我就会满意地看到某些流行的迷信体系的垮台。"

休谟这里所说的迷信体系就是指西方社会的基督教。

休谟在上述对话中所说的修订著作一事也不完全是子虚乌有，因为他确实刚刚修订完一部关于宗教问题的著作，即著名的《自然宗教对话录》。在这本书中，休谟从哲学上系统地批判了宗教神学中关于上帝存在的"设计论证明"，彻底摧毁了这个证明的理论基础。休谟的批判成为近代以来对西方宗教理论的经典批判之一。早在1749年至1751年间，休谟就完成了《自然宗教对话录》的写作，但迟迟没有出版，这主要是因为休谟深知这本书的分量和它可能在宗教界引起的责难，所以反复进行修改，力求无懈可击，直至去世前不久才最后定稿。休谟接受了友人的劝告，决定将该书在他死后出版。几经周折，这本书最终是在休谟去世后的1779年由他的侄子安排出版的。

1776年4月，休谟抱病重游了伦敦等地，这是他的一次告别之旅。临行前，他写下了《自传》，对自己的一生作了回顾和评价。

1776年8月25日，休谟在"圣·大卫街"的家中去世。葬于爱丁堡卡尔顿墓地的南侧。

第 2 章

我们的知识是从哪里来的

休谟的"人性哲学"首先讨论的问题是人的知识是从哪里来的，即知识的起源问题。在他看来，这个问题带有根本的性质。因为人从婴儿成长为大人，知识从无到有，不论是日常生活知识还是科学知识，总有一个最初的来源。如果不弄清知识的来源，那么，关于我们的知识的性质、确实性和范围，以及我们的认识能力等问题就无从谈起，即使谈起，也缺乏原始的根据。实际上，知识的起源问题是近代欧洲哲学认识论研究中的主要问题之一，围绕这个问题，理性主义者与经验主义者展开了激烈的争论。按照当时的哲学用语，人们将心中出现的一切东西都称作"观念"，因此，知识的起源问题也被称作观念的起源问题。"观念"一词来自希腊文，原意是指"可见的形象"，近代哲学家用这个词指人心中的影像或表象，它们是知识的基本材料。

前人的观点与休谟的选择

要说明休谟对知识起源的看法，先要了解一下当时以理性主义和经验主义为代表的两种主要观点。

笛卡儿最先对观念的种类和起源作了规定。他说："在这些观念中，我觉得有一些是我天赋的，有一些是从外面来的，有一些是我自己制造出来的。因为我具有一种能力来设想我们一般地称为事物、真理或思想的东西，所以我觉得我的这种力量不是从别处来的，只是来自我自己的本性；可是如果我现在听到某种声音、看见太阳、感觉到热的话，我直到现在为止都是断定这些感觉来自某些存在于我以外的某些东西的；最后，我觉得美人鱼、飞马以及其他这一类的怪物都是我的心灵的虚构和捏造。"笛卡儿在这里规定了三种观念及其三个来源：人心中固有的天赋观念；由外界事物作用于感官而产生的感觉观念；由心灵虚构和想象出来的观念。笛卡儿的这个规定概括了当时以及后来很长一个时期西方哲学关于知识起源问题的讨论的基础。

笛卡儿认为，虽然人心中的观念有三个来源，但其中最可靠的、可以作为真知识的基础的，是人心中固有的天赋观念。它们包括关于上帝和实体的观念，以及逻辑和数学中某些公理的观念。这些观念是清楚明白、没有任何疑问的，在这些观念的基础上，我们可以通过严格的推理，获得普遍有效的科学知识。而其他两类观念，即感觉观念和想象观念，都是靠不住的、易误的，不能作为知识的基础。后来的理性主义者都步笛卡儿的后尘，将在天赋观念的基础上进行演绎推理看成获得真知识的唯一可靠的途径。

洛克反对理性主义者的"天赋观念论"。他认为，人心中本来没有任何观念，就像一块没有任何图案的"白板"，它后来具有的一切观念都是通过经验获得的。洛克由此确立了一个经验主义的命题：我们的一切知识都来自经验。这是后来所有经验主义者都遵循的基本原则。不过，洛克又将这里所说的经验分为两种：一种是我们对外界事物的观察，他称作感觉经验；另一种是心灵对自己的活动的观察，他称作反省经验。于是，他断言我们的知识有感觉和反省两个来源。洛克的这个说法被理性主义者莱布尼茨钻了空子。他说，所谓反省就是对我们心中已有的东西的注意，这个已有的东西绝不可能是感官提供的，因此，承认反省是知识的来源，就等于承认心中固有的天赋观念的存在。实际上，莱布尼茨歪曲了洛克的意思。因为洛克所说的反省是心灵在获得感觉观念后进行的：心灵先对感觉观念发生作用，然后再对自己的这些作用进行反省，反省观念才出现了；如果没有感觉观念在先，就不会有心灵的作用，也不会有反省观念出现。照此理解，洛克的真正意思是说，感觉观念是原始的，反省观念是次生的，只有感觉才是知识的最初来源。当洛克说知识有感觉和反省两个来源的时候，显然是不严格的，也不符合他的本意。

作为经验主义者，休谟拥护洛克关于一切知识来自经验的基本原则，但他也看到了洛克说法的缺陷。他认为，如果要彻底坚持经验主义的原则，就必须追溯知识到最原始的经验那里去。这个最原始的经验应当是一，而不是多，它只能是感觉经验，只有在感觉经验的基础上，反省经验以及由之而产生的各种思想才有可能。为什么感觉经验是最原始的？是否还能找到比感觉经验更原始的东西？显然不能。因为感觉经验是最先出现在我们心中的东西，按照洛克的说法，就是心灵"白板"上最先画上的图案。

如果我们要进一步问感觉经验由何而来，经验主义者有两种选择：一种是诉诸外界事物，人的感觉是由于外界事物作用于人的感官而在人心中产生的；另一种是诉诸人的心灵本身，感觉经验是人心自己造出来的，与外界事物无关。前一种选择是洛克所采取的，他实际上主张一种唯物主义的反映论观点，即人的感觉经验是外部物质世界性质的反映；后一种选择是巴克莱所采取的，他实际上主张的是一种主观唯心主义观点，他甚至认为除了自己的心灵以外根本没有任何外界物体的存在，所谓的物体只不过是我的"感觉的复合"而已。

在上述两种选择中，休谟是站在洛克一边的。虽然他也根据通常的看法和自然科学可能提供的材料，对外界物体如何作用于感官而产生感觉经验的机制有所猜测，但他不愿意作出"独断"，因此，他说人的感觉"是由我们所不知的原因产生在心中的"。这个"不知的"一词充分显示出休谟哲学的怀疑主义特点，即对无法确知的东西决不作任何断定。

休谟的论证

关于知识起源于经验的原理，洛克几乎没有作什么论证，他似乎认为这是理所当然的。而休谟则对此作了细致的论证，并且将前人所用的术语也改变了。

与前人不同，休谟将心灵中出现的一切东西都称作知觉。知觉又可以分为两类，一类是印象，一类是观念。两类知觉的区别在于，印象是强烈、生动的，与此相比，观念则不那么强烈和生动。也就是说，印象与观念的差别只在于它们的强烈和生动的程度不同。

印象和观念还可以进一步分为简单的和复杂的。简单印象是印象的最小单位，简单观念是观念的最小单位，是不能进一步分解的。复杂的印象和观念分别由简单的印象和观念复合而成。比如，某些红色、香味、圆形、硬度的简单印象复合成一个"苹果"的复杂印象。而相应的复杂观念也是由简单观念复合而成的，只不过在强烈和生动程度上要逊色一些。

对印象和观念的区分是休谟论证知识起源的第一步，但还不是最重要的一步。因为对印象和观念的区分只是说明了人心中有印象和观念，并不能说明两者哪个是原始的，哪个是派生的，因而也不能说明何者是知识的来源。在休谟看来，要说明何者是知识的来源，首先要说明印象和观念两者之间的关系。那么，如何来说明呢？休谟认为在此不能诉诸任何猜测和先入之见，只能依据对经验现象的观察。他通过观察得出了如下看法：

首先，所有的简单印象和简单观念都是一一对应和相似的。比如，红色的简单印象与红色的简单观念相对应。

其次，简单印象与相应的简单观念总是"恒常会合"在一起出现的，凡是一个简单印象出现，就必有与之相应的简单观念出现。

再次，简单印象总是出现在与之相应的简单观念之前。

最后，根据以上可以得出结论，简单观念一定是由简单印象引起的。也就是说，简单印象是原因，简单观念是结果。

于是，休谟确立了一个"普遍命题"："我们的全部简单观念在初出现时都是来自简单印象，这种印象和简单观念相应，而且为简单观念所精确地复现。"休谟也称简单观念是简单印象的"摹本"。就像我们用复印机复印一张图片一样，复印件与原件精确相似，但又不是同一个东西。

由于复杂印象和复杂观念是由简单印象和简单观念复合而成的，因此这个"普遍命题"的全部意思是说：人心中的一切观念，不论是简单的还是复杂的，都来自简单印象；或换句话说，人心中的一切知识都是从简单印象发源的。休谟将这个命题称作他在"人性科学"中确立的"第一原则"。

"第一原则"确定了简单印象是知识的来源，而这个简单印象不是别的，正是感觉。它是最先出现在人心中的，是由于感官受到"不知的"原因的刺激而在心中产生出来的。休谟也将其称作"感觉印象"或"原始印象"。从感觉印象产生的特点看，它是转瞬即逝的，当外界对感官的刺激消失，感觉印象也就消失了。而作为感觉印象摹本的观念却不同，感觉虽然消失了，但相应的观念却可以保留在心中，并通过记忆将它们再现出来。根据上述，休谟得出了与洛克相同的结论——一切知识都起源于感觉经验，只不过他将洛克所说的另一个来源反省经验取消了。在休谟那里，洛克所说的反省经验实际上就是休谟所说的观念。正是通过引进印象这个概念，并论证印象与观念之间产生与被产生的关系，休谟克服了洛克论述中关于知识有"两个"起源的缺陷，更准确地坚持了知识起源于经验的根本原则。

一个词或概念的意义是由什么决定的

感觉印象是最先出现在人心中的，是知识的最原始材料和来源。人心通过对感觉印象产生的各种观念进行加工，比如对观念进行组合、连接和抽象，就可以得到各种各样的复杂观念或关系的观念，即形成了"思想"。人的知识正是以思想的方式表现的。可是，不论印象、观念，还是思想，都在人的内心中，是不能直接向他人表达的。要表达思想，并使他人理解，必须通过语言。因此，思想是否能得到准确表达，一个人的思想是否能为他人正确理解并接受，语言成为关键环节。反过来说，我们通过对语言的理解、接受和分析，就可以了解一个人的思想，了解他对世界的看法。而这里的问题是，作为表达思想的"工具"，语言在表达思想时往往是不准确的，或不能确切表达说话者的真正意思，有的语言表达甚至是完全没有意义的。因此，在理解一个思想之前，首先确定表达这个思想时所使用的词、概念乃至整个句子的意义，就成为至关重要的工作，这项工作主要是哲学的，而不是语言学的。由此形成的语言哲学理论被称作"意义理论"。这个理论的核心内容就是确定意义的标准，即确定在语言表达中，什么样的词、概念和句子是有意义的。

在西方哲学发展的不同阶段，根据不同的理论诉求，哲学家们提出了不同的意义理论和意义标准。休谟是经验主义哲学家，他根据他的观念起源理论，提出了以感觉经验为依据的意义标准。他认为，一切词或概念都是与一定的观念相联系的，或表示着一定的观念，一切观念归根结底都来自感觉印象，而且感觉印象是清楚明白、不容争议的，因此，感觉印象可以作为一个词或概念是否有意义的最终标准。当我们要判定一个词或概念是否有意义时，只要考察一下它所代表或相关的那个观念，问一下"那个观念是从哪个印象来的？"如果找不出作为其来源的感觉印象，就可以说，那个观念是没有意义的。用现代哲学的话来说，休谟的意思是，只有用感觉经验证实的命题才是有意义的，其他一切命题都是没有意义的。

对于没有意义的语言表达如何处理？一种办法是拒斥，

即对无意义的语言表达不予理会，或加以排斥，因为它对我们的"事实知识"无所增进，还会引起混乱；另一种办法是给它们以与其功能相适合的地位，比如，将它们看作情感的表达，用于与情感活动相关的价值判断领域。休谟主要关心的是知识的可靠性和有效性问题，所以他强调的是第一个办法，对第二个办法未多加论述。在他看来，凡是没有意义的语言表达都是荒谬的，应当抛弃。他后来证明"心灵实体""物质实体"等概念就是这种无意义的语言表达，并以此表明了他对这些概念的怀疑主义态度。

心理原子主义

既然感觉印象是一切知识的源泉和原始材料，那么，感觉印象本身的性质是怎样的，就成为理解全部经验知识性质的基础。休谟认为，如果将感觉印象追踪到它的最小单位，仅就简单的感觉印象本身来考察，那么，它们具有以下基本特性：

（一）原始性：简单的感觉印象是最先出现在心中的，它不需要任何其他印象或观念作为其原因，因此它是最原始的经验元素。在此意义上，我们说它是一切知识的来源。

（二）自足性：简单的感觉印象是自足的，因为它们一且"呈现"出来，就是以其呈现的那个样子"存在"的，不需要任何其他因素来保证它们的存在和性质。比方说，当一个"红色"的感觉印象出现在心中，不论它是鲜艳的还是黯淡的，是均匀的还是混杂的，它就是那样存在的，既不需要用推理或证明来保证它的存在，也无法改变它的样子。在这个意义上，感觉印象是只真不假的。

（三）单纯性：简单的感觉印象和由它派生出来的其他简单知觉都是单纯的，也就是说，它们是不能再进行分割或区分的。因此它们是知觉的最小单位。不论心灵活动所涉及和运用的材料如何众多，它们都是由这些最小的知觉单位组成的。

（四）互相独立性：简单的感觉印象以及其他一切知觉都是互相独立存在的，它们之间没有可以察觉到的实际联系。因此，不论心中出现的知觉如何复杂多样，都可以将它们分开来考虑，而不会产生任何矛盾。换句话说，我们的经验元素在本质上是个别的，如果我们发现它们之间有联系，那一定是我们想象或虚构出来的。

休谟的上述观点也被称作"心理原子主义"。它的重要意义在于确定了经验元素的基本性质，为后来休谟从经验出发所作的一切论证提供了依据。从理论来源上说，休谟的"心理原子主义"是将物理学中的原子论学说搬到精神现象中而形成的。在物理学中，人们将物体看成由微小的、不可再分的原子组成的，通过研究原子的性质和运动，来理解和说明物体的运动和规律。休谟提出"心理原子主义"正是要用与物理学中原子论相似的方式来研究精神现象。

休谟把精神现象看成原子性的，那么，对任何精神现象的研究，不论这个现象多么复杂、多么宏大，最好的方法是将它分解到最小的组成部分即心理原子上，通过对心理原子的研究来理解和说明整个精神现象。这个方法就是所谓的"分析方法"，它的基本要求就是对研究的对象进行分解，分解到它的最小单位，然后对这些最小单位进行研究，从而得出关于对象整体的知识。休谟将这种方法比作使用显微镜，它可以将最微小的印象或观念放大，使我们能了解它们的隐秘性质和结构，并推广到明显可见的精神现象上。

而且，休谟所说的精神现象的最小单位或心理原子，正是作为意义标准的简单的感觉印象，于是，休谟就将这种分析方法与确定语言表述的意义联系起来了：我们只有通过分析的方法，才能发现我们对一件事情的表述是否有感觉印象的根据，从而断定它是否有意义。

知识的分类

感觉印象是知识的原始材料，但还不是知识。感觉印象呈现在心中，就是它呈现的那个样子，它对任何有正常感觉功能的人都是一样的。一个"红色"的感觉印象在一位智者的心中和在一个愚者的心中并无根本的区别。而知识则不同，它是以判断、推理、命题和逻辑的形式表现出来的，它是关于对象之间的关系的，或者说它是一个关系的概念。因此，知识不可能由原子式的、转瞬即逝的感觉印象来表现，只能由留在心中、可以在记忆中唤起的观念来表现，因为人心可以对观念进行比较和推理而构成各种不同的关系。

休谟概括了能作为知识的七种关系，即类似关系、同一关系、时空关系、数量的比例关系、性质的程度关系、相反关系、因果关系。根据这些关系的不同特点，休谟将它们分为两类，也即两类知识。一类是具有直观和演证的确定性的关系，包括类似、相反、性质程度、数量比例四种关系。它们的特点是，只要观念本身不变，观念之间的关系就不变，因而可以成为精确而确定的知识。这种关系是通过直观和演证来确定的，譬如，对于两个颜色的观念是否类似（*类似关系*）、是否完全不一样（*相反关系*）、是否有深浅差别（*性质*

程度关系），一眼就可以看出来，不需要任何推理，这就是所谓的直观。而对于数量比例的关系，如数学演算和推理，其精确性可以通过演证来达到。

对于另一类关系，即同一、时空、因果三种关系，情况就不同了。在这三种关系中，即使相关的观念是确定不变的，它们之间的关系也是不确定的。两个观念在不同的空间和时间中，它们之间的关系是不同的。因果关系的情况更为复杂，必须通过大量的观察来确定，而这种确定也不是确实必然的。这三种关系构成了我们的或然性知识的基础。

休谟对知识的上述区分是在《人性论》中说的，虽然观点很明确，但论述有点烦琐。于是，休谟在《人性论》的改写本《人类理智研究》中，作了更加简洁、明确的概括："人类理性或研究的一切对象可以自然地分为两类，即观念的关系（Relations of Ideas）和实际的事情（Matters of Fact）。属于第一类的有几何、代数、算术诸科学；简言之，凡是具有直观或演证的确定性的断定，都属于此类。'直角三角形弦的平方等于两直角边的平方和'就是表示这些图形之间关系的命题。'三乘五等于三十之一半'表示了这些数目之间的关系。对于这类命题，我们仅仅凭借思想的活动，不需要依据在宇宙中任何地方存在的东西，就可以发现出来。即使在自然中从未有一个圆或三角形，欧几里得所证明的真理也会永远保持其确定性和明白性。"

"对于人类理性的第二类对象实际的事情，就不能用同样的方式来确定；我们对它们的真实性的证据不论有多么重大，也和前一种不一样。一切实际事情的反面都是可能的，因为它不可能蕴涵着矛盾，而且心灵在构想它时同样是容易和明确的，好像它与实际是很符合的。'太阳明天将不升起'这个命题，与'太阳明天将升起'这个断言，是一样可以理解，一样不蕴涵矛盾的。因此，我们要证明前一个命题虚妄的任何尝试都是徒劳的。假如我们真能证明它的虚妄，那它就蕴涵着矛盾，因而不可能被心灵清楚地构想。"

通俗一点说，前一种知识只涉及事物的数量关系和逻辑关系，与事物本身的状态无关，因此它总是确定的和明白的。这种知识也可以称作唯理的知识，因为它完全取决于理性直观和思辨。后一种知识则是对事实的断定，而事实总是不断变化的，或总有变化的可能性，因此这种知识不是绝对确定的。这种知识也可以称作经验的知识，因为它完全依赖于以经验为根据的推理。休谟对知识的上述区分是总结前人的研究成果后提出来的，它为后来的认识论研究提供了一个知识分类的基本框架，影响很大。后来人们将休谟对知识这种两分法称作"休谟之叉"。

第3章

因果关系理论

因果知识是最重要的科学知识

休谟认为，在"观念的关系"和"实际的事情"两类知识中，虽然前者明白而确定，却不是、也不需要人人都精通和理解的，而后者尽管不够精确，却占据了人类知识的绝大部分，不论在日常生活中还是在科学研究中都是不可缺少的。然而，人们对两类知识的研究却很不平衡，对前者的研究比较深入，意见也比较一致；对后者的研究却重视不够，存在很多错误的看法和意见。因此，作为经验主义者，休谟很自然地将后者作为他关注和研究的中心。

"实际的事情"也分多种，休谟认为其中最主要的、对人类生活和科学研究有最重要意义的是因果知识。这是因为，只有因果知识才能超出我们对过去的记忆和对当下感到的事实，对将来的事实作出推断，才能对人的活动起指导作用。比方说，当我们知道火灼烧手指可以引起手指的疼痛，即火的灼烧与手指的疼痛有因果关系，我们就会在将来的活动中避免手指被火灼烧。又如，当我们知道水可以滋养生物、可以灭火，即知道了水与它所起的作用之间的因果关系，我们就可以利用水的这些作用为人类生活服务。在人对自然的研究中，获取自然事物之间因果关系的知识，是自然科学的主要任务。自然科学是关于自然现象普遍规律的科学，它不但提供对过去和当下发生的自然现象的解释，还要提供对将来事实的预测和推断。如果一项知识只能描述和说明过去和当下已经发生的事情，而不能预测和推断将来，那么，它就没有科学知识必须具备的普遍有效性和规律性，或者说，它对于人类活动只是无用的"马后炮"。

休谟将因果知识看作科学知识的主要内容，将发现自然现象的因果关系和规律看作自然科学的主要任务，他的这个思想可以从古代思想那里找到根源。比如亚里士多德早就明确指出，真正的科学知识是关于原因的知识，是对原因所作的说明和解释，并认为事物的发展变化取决于事物的"质料因""形式因""动力因"和"目的因"，即所谓的"四因说"。亚里士多德的"四因说"充满了形而上学的思辨，不适于说明客观世界的实际现象，对科学的指导作用十分有限。到了近代，虽然由于"新科学"的兴起，亚里士多德的"四因说"已经被抛到九霄云外，但他关于因果知识是科学知识之本的思想却为各派思想家们所继承。而且，近代自然科学的惊人进步，尤其是牛顿力学在解释各种自然现象时取得的巨大成功，使人们对因果知识的普遍有效性寄以高度乐观的期待，似乎对于任何自然现象，只要我们发现了它的原因，就能确定无疑地预见它的结果。

而正是在这个问题上，休谟前无古人地提出了疑问。他通过对因果关系本性的深入研究和严格推理，提出了一种与众不同的因果关系理论。根据这个理论，他断言，作为经验知识样板的因果知识，并不具有人们赋予它的那种作用和确定性。他的论断颠覆了长期以来人们对因果知识的信念，在学术界掀起了一场轩然大波。起初人们拒绝接受休谟的观点，但后来不得不承认，休谟的论断是正确的，从而大大推进了人们对科学知识及科学方法的本性的理解。

那么，休谟的因果关系理论说了些什么呢？我们要具体了解休谟的观点，首先必须看一看他是怎样提出问题的。

问题的提出：为什么任何事物的存在都必然要有原因

凡是有关因果关系或因果知识的任何论述都有一个前提，它是关于因果关系的普遍性的，即每一个事物的存在都必定有其存在的原因，任何事物都是由其他事物引起的；或简单地说，就是"万物皆有因"。自古以来，这个前提就是众所公认的，被当作普遍的真理，没有人提出异议。而休谟对此提出了质疑，他问道：我们为什么说每一个事物必须有一个原因才能存在？根据何在？他指出，对于这个前提，人们既没有提出任何证明，也不要求任何证明，就把它当作是理所当然的，这是一种独断。

那么，这个前提是否能得到证明呢？休谟认为，根据知识的分类，我们只有两类知识，一类是由直观和演证得来的理性知识，一类是由经验和观察得来的事实知识，如果我们要证明因果关系，只能依赖于这两类知识。那么，这两类知识能否提供这样的证明呢？

首先，让我们来看直观和演证的知识。这类知识只涉及观念之间的关系，可是，不论在对观念关系的直观中，还是在对观念关系的推演中，我们都没有发现这个前提。举一个通常所说的因果关系的例子：一个弹子球 A 向另一个静止的弹子球 B 滚去，两球相撞，B 开始运动。人们可以说，"A的碰撞引起了 B 的运动"，或者说"A 的碰撞是原因，B 的运动是结果"。可是，我们在对"A 的碰撞"和"B 的运动"两者之间关系的"直观"中，并没有发现因果关系，因为任何能提供直观确实性的"观念的关系"中，都不蕴含"每一事物的存在都必定有其存在的原因"的命题。再说一下演证。根据心理原子主义，我们的一切观念都是互相区别、各自独立的，因此，我们完全可以将"A 的碰撞"和"B 的运动"分开来考虑，而且这样做在逻辑上没有任何矛盾。既然如此，说"A 的碰撞"必定是"B 的运动"的原因，显然是不能成立的，或换句话说，因果关系根本不具有逻辑演绎的性质。

然后，我们再来看经验的事实知识。由于我们的观念是原子性的，我们可以对它们分开来考虑而不包含矛盾，所以，当我们观察到"A 的碰撞"和"B 的运动"时，经验并没有告诉我们两者之间有因果关系，我们完全可以把它们看成互不相关的两个经验。因此，我们的事实知识中没有任何"直接"的证据能够证明每一个事物的存在必定有其存在的原因。休谟这里强调了经验知识的一个基本特征，即个别的经验不能提供普遍性，不论我们看到多少次"A 的碰撞"和"B 的运动"，它们都没有告诉我们它们会永远如此。正如休谟在描述经验知识的性质时所说的，即使我们每天都看到太阳升起，我们也不能说明每天太阳一定升起。

休谟的观点招致猛烈的批评，成为众矢之的。人们指责他否认因果关系就是否认上帝的存在，否认善和恶之间的区别，造成了破坏信仰、破坏道德的恶劣后果。在那些人看来，如果万物之间没有因果关系，那就意味着上帝不是万物的创造者和始因，他的存在对于世间万物是不必要的。如果没有因果关系，那还意味着人的行为与其后果没有联系，人不需要为自己的行为负责，而这必将带来道德的沦丧和社会的混乱。

休谟果真否认每一事物的存在必定有其原因的原理吗？并非如此。休谟在得知人们的批评后非常失望，他认为人们误解了他的意思。他反复申明，他并不反对每一事物的存在必定有其原因的命题，他也从未宣称任何事物可以不需一个原因而存在。在他看来，只要稍微有一点常识的人，都不会反对每一事物的存在必定有其原因的命题。那么，休谟的真正意思是什么呢？

休谟的意思是说，从人类生活的常识出发，他并不反对任何事物的存在都有一个原因，他相信因果关系的普遍存在。他所关心的是另一件事情，那就是，从知识的角度说，我们如何能证明这个命题，我们能提供什么样的证据。他反对任何用理性的直观、抽象的推理、直接的经验来证明这个命题的企图，认为它们都违背了人类知识的本性，因而都是站不住脚的。

由上述可知，休谟否定了关于因果关系的各种证明。如果他停留于此，那么，他的观点仅仅是在否定、在怀疑，并无积极的建设意义。休谟并没有这样做，正相反，他给出了自己的证明，从而构建了他关于因果关系的基本理论。

因果推理的本性是"习惯"

休谟认为，要证明为什么任何事物的存在必然要有原因，不能直接到外部世界找证据，因为我们所知的一切只是自己的经验，对于经验之外的事物是否有因果关系，那我们是不知道的。因此，我们只能在经验的范围内找证据。而由于经验不提供"直接的"证据，所以唯一可行的办法就是对经验进行观察和分析，以便说明我们是如何获得因果知识的，即如何从一类事物的出现推断另一类事物也必然出现的，由此来了解因果关系的本性。以弹子球的碰撞为例，就是要说明我们是如何从"弹子球 A 的碰撞"和"弹子球 B 的运动"推出两者之间有因果关系的。

当我们反复观察两个弹子球的碰撞和运动，并认为"A

的碰撞"是"B的运动"的原因的时候，我们观察到什么情况呢？首先，"A的碰撞"和"B的运动"在时间和地点上是接近的；其次，作为原因的事物在作为结果的事物之先，即"A的碰撞"在"B的运动"之先；最后，两类事物是恒常会合的，即只要与"A的碰撞"类似的事物出现，与"B的运动"类似的事物也会出现。休谟认为，这三个情况就是我们把一个事物当作另一个事物的原因，即获得因果关系知识时的全部条件，除此之外再无其他。

不过，在此过程中，这三个条件所起的作用是不同的。其中前两个条件不是使我们断定因果关系的充分条件，比方说，对于"A的碰撞"和"B的运动"，不论两者在时空上如何接近，不论哪一个先出现，我们都不能得出它们有因果关系的结论。而只有第三个条件，即每当"A的碰撞"出现，就有"B的运动"出现，两个事物恒常会合时，我们才认为两者有因果关系，才在前者出现时，推断后者也一定出现。因此，对于我们的因果推断，恒常会合是起决定作用的条件。

可是，当我们仔细观察两类事物的恒常会合，就会发现，不论这种会合发生多少次，只不过是一种重复，并看不到两类事物之间有"因果"关系产生出来。然而，不论如何，我们毕竟在观察到两类事物的恒常会合后，作出了两类事物有因果关系的"推断"，那么，这个推断是怎么作出的呢？它的本性是什么呢？

休谟首先从逻辑证明上找根据。他认为，要从逻辑上证明两类事物的恒常会合可以引出两者有因果关系的结论，只有一个办法，那就是，这个证明必须以"自然的一律性"为前提。所谓的"自然的一律性"，是指自然的发展进程是一律不变的，凡是将要发生的事情永远与过去发生的事情相一致。如果"自然的一律性"能够成立，那么，我们就可以在它的基础上，根据两类事物的恒常会合，推出两者有因果关系的结论。以弹子球相撞为例，这个推理有如下形式：

大前提：自然现象的发生是一律的（自然的一律性）；

小前提：以前观察到每当"弹子球 A 的碰撞"出现，"弹子球 B 的运动"也一律地出现；

结论：因此，由当下观察到"弹子球 A 的碰撞"，可以推断"弹子球 B 的运动"一定会出现。在这里，"弹子球 A 的碰撞"是原因，"弹子球 B 的运动"是结果。

"自然的一律性"是否能够得到证明？休谟的回答是否定的。他认为，从逻辑上看，不论任何一律的自然现象，其反面总是可能的。当我们观察到"弹子球 A 的碰撞"，总可以设想"弹子球 B 不发生运动"，也可以设想在碰撞后两个球都静止不动，以及其他种种情况。而可以设想出来的情况，在逻辑上就是可能的，不包含任何矛盾。既然"自然的一律性"得不到证明，那么，从逻辑上对两类事物的恒常会合可以引出因果关系的证明也不能成功。

人们可能会说，休谟反对"自然的一律性"能够得到证明的理由过于局限了，他总是强调在逻辑上不能证明"自然的一律性"，而没有考虑到从生活实践的方面来进行证明。因为人们完全可以在生活实践中进行摸索，从而确定自然事件是不是一律的。休谟想到了通过实践证明"自然的一律性"的可能性，但他认为这违背了他的本意。他认为，这种通过实践摸索来寻找一律性的办法对于从事实际活动的人是适宜的，但它不能作为"自然一律性"的根据。他关心的是用"何种逻辑、何种论证程序"来证明"自然的一律性"，即证明的"形式"方面，也就是说，这种证明应当具有概念清楚、推理严格、结论明确的逻辑形式，而不能像实际生活中那样就事论事，充满随意性和不确定性。

因此，我们由两类事物的恒常会合推出两者有因果关系，既不是根据逻辑的证明，也不是根据生活实践，而是另有缘由。这个缘由就是由两类事物的恒常会合而形成的某种心理状态，休谟将其称作"习惯"。他说："我们完全由习惯所决定去设想将来与过去相一致。当我看到一个弹子球向另一个弹子球滚去，我的心灵立刻被习惯带到通常的结果上去，在我眼见之前就想到另一个球的运动。"人关于因果关系的推理不是根据思辨，不是根据直接的经验，而是根据同类现象的反复发生而形成的习惯，这就是休谟对因果推理的本性所得出的结论。

休谟对习惯给予高度的评价。他认为习惯是人的经验认识中的一个基本原则，因为它既不是先天就有的，也不是从反省和推理中得到的，而是从多次经验的反复中产生的。在实际生活中，习惯是"人生的伟大指导"。休谟说："如果没有习惯的影响，那么，我们除了当下呈现于记忆和感官的东西以外，完全不知道其他一切实际事情。我们就绝不会知道怎样用各种办法来达到目的，绝不会知道怎样运用我们的自然能力来造成任何结果。这时，一切活动都会立刻停止，大部分思维也会停止。"试想一下，按休谟的说法，对于人类的实际生活，还有什么比习惯的作用更重要的呢？

习惯固然对人类生活有重要影响，但按休谟所说，它毕竟是一种不假思索、由多次重复而形成的相对固定的行为方式，它与理性的思辨和创造活动有巨大差别。休谟将习惯抬高到足以决定人类命运的崇高地位，由此引出的一个重要结果就是对人类理性的贬低。他说："只有习惯决定心灵在各种情况下都设想将来与过去相一致，不论做到这一步看起来多么容易，理性是永远做不到的。"他甚至将动物的习惯行为与人的习惯行为相提并论，认为在依靠习惯行事的大部分生活中，人类对于动物毫无优势可言。他声称，如果说人是有理性的动物，那么，"最明显的一条真理就是，畜类也和人类一样赋有思想和理性"。休谟的观点真可谓骇人听闻。虽然他的本意只是说，人类理性并不具备人们赋予它的那种至高无上的能力，必须重视习惯等非理性因素在人类生活中的作用，但他的观点成为后来西方哲学中非理性主义思潮的一个来源。比如，尼采的非理性主义就与他对休谟的因果关系理论的认同有联系。

因果关系的定义

如前面所说，休谟的目的是证明"任何事物的存在必然要有原因"的命题，这是关于因果关系的本性的，但由于经验中不能提供直接的证据，所以他转而证明人是如何获得因果知识的，即人是如何从一类事物的出现推断另一类事物也必然出现的，希望借此来说明因果关系的本性。那么，当他已经阐明了因果推理的习惯原理，他是否真正达到了对因果关系本性的了解呢？休谟对此仍然否定。他认为，虽然我们知道了我们的因果知识是如何根据习惯而来的，但这并不能说明因果关系的本性，我们仍然不知道为什么一个事物的存在必然要有一个原因，为什么一个原因总要同一个结果联系起来，因为那是超出我们的经验之外的。

　　尽管如此，休谟并不认为前面的探讨是没有意义的，因为它至少使我们从如何获得因果知识的角度知道了具有因果关系的事物会具有什么样的特征。他认为，除了因和果之间的接近和接续关系外，具有因果关系的事物具有两个关键特征：一个是这两类事物的恒常会合，凡是具有因果关系的两类事物，我们总能看到它们是恒常会合的；另一个是我们心灵的习惯性推移，即当我们看到两类事物的恒常会合后，就会根据习惯，自然而然地从一类事物的出现推断另一类事物也会出现。休谟认为，这两个特征就是我们理解因果关系的基本依据。

　　于是，休谟分别根据这两个特征给因果关系下了两个定义。一个定义是：当一类事物总是出现在另一类事物之前并与之接近，这两类事物有因果关系；另一个定义是：当一类事物总是出现在另一类事物之前并与之接近，使心灵在前一类事物出现时就想到后一类事物也会出现，那么，这两类事物有因果关系。按休谟所说，这两个定义是"对同一个对象"提供了两个不同的视角。一个是把因果关系看成两类事物的恒常会合，另一个是将心灵的作用引进来，把因果关系看成观察到两类事物恒常会合的情况下，心灵依据习惯由此及彼地联想。不论怎样，这两个定义都没有直接说明因果关系的本性，只是旁敲侧击、隔靴搔痒罢了。休谟也承认，按照正常的顺序，应当先说明因果关系的性质，然后再说明因果知识是如何获得的，但由于经验不能直接洞察因果关系的本性，所以他只好颠倒论证的顺序，先说明后者，再说明前者。他称这个颠倒是"不可宽恕的"无奈之举。

休谟的因果关系定义是对传统的因果关系概念的颠覆。根据传统的因果关系概念，因果关系指的是事物之间的必然联系和产生作用，我们说一个事物是另一个事物的原因的时候，就是说两者之间有必然联系，而且作为原因的事物必定产生作为结果的事物。这里的必然联系和产生作用是理解因果关系概念的关键。休谟关于因果关系的定义却表明，对于事物之间的必然联系我们没有经验的证据，我们也无从知道一个事物为什么及如何产生另一个事物。当我们称两类事物有因果关系的时候，只是因为我们看到它们的恒常会合，以及心灵因此作出的习惯性推断。

休谟进而断言，所谓的因果必然性无非就是心灵由一件事推及另一件事的心理习惯，它构成了因果必然性的本质，两者是一回事。既然因果必然性只是人的习惯，那么，它就应当是人内心的东西，与外部世界没有关系。休谟对此确认无疑。他说："整个说来，必然性是存在于心中，而不是存在于对象中的一种东西；如果我们把它看作物体中的一种性质的话，我们永远也不可能对它形成任何哪怕是极其渺茫的观念。"

同理，当我们说到事物之间产生作用时，也只是因为我们观察到事物之间的恒常会合及因此形成的习惯性推理，我们并没有发现事物本身的根据。休谟用这个观点反驳了当时科学研究中流行的"力"的概念。"力"是近代科学家经常使用的一个词，一般用来指一个事物产生另一个事物的性质和能力，特别用来指因果关系中的产生作用。当一个事物被产生出来，就说它是由某种"力"产生的，或说某个事物具有产生另一个事物的某种"力"。于是，"力"就成了解释事物原因的万能药方，成了回避说明事物本质的遁词，或如恩格斯所说，是将"力"这个字当作了"避难所"。休谟反驳了当时关于"力"的种种观点。他指出，"力"的概念与必然性的概念一样，都不能靠理性来证明，只能从经验中找根据。而经验告诉我们，"单个"事例不能产生"力"的概念，只有当两类事物的恒常会合使心灵形成了由一类事物向与它恒常伴随的另一类事物的习惯性转移，"力"的概念才产生了。

从休谟的两个定义看，他的第二个定义将因果关系归结为人的习惯，显然是荒谬的，很难为相信外部世界客观存在的人们所接受；而他的第一个定义，着眼于两类事物恒常伴随出现的现象，为因果关系提供了一个新的理解，有某种合理性。比方说，过去人们在谈到因果关系时，总要找到一个事物引起另一个事物的"力"，只要说明了这个"力"，也就从根本上说明了两者的因果关系。于是，从单一事例中发现这个"力"不但是可能的，而且成为科学追求的目标。可是，休谟强调，"我们从来不能在单一的事例中发现任何能力或必然联系"，因果关系的概念依赖于反复出现的事例的"众多性"。这样一来，休谟就造成了一个转变，将因果关系的探讨从在事物中寻找某种"力"或必然性，变成了在事物现象中发现某种一致性或规律。因果关系不再是通常所理解的产生与被产生的关系，而是现象发生的规则性。

对因果关系的这样一种理解造成了一个积极的后果，就是将神的作用从科学知识的领域驱逐了出去。由于受神学思想的束缚以及对事物的普遍联系缺乏辩证的理解，当时的哲学家和科学家在解释世界的因果联系时，总是将最初的原因说成上帝的创造作用，认为是上帝使整个世界按照因果联系的规则产生和运动起来。比如，虽然笛卡儿在自然科学领域是坚定的唯物主义者，但在谈到世界的开端的时候，他将最初的物质和物质运动的规律都归功于上帝这个第一因。近代伟大的科学家牛顿也把上帝看成自然界万事万物变化的第一推动者。而休谟将因果关系看成现象发生的规则性，这无异于宣称，上帝与自然界的因果性无关，我们完全可以依据自己的经验获得因果关系的知识。

休谟对因果关系规则性的强调，在某种程度上也预示了后来物理学中经典力学的机械决定论向量子力学的统计决定论的转变。在经典力学看来，事物的因果联系是必然的，原因是结果的充分条件，只要作为原因的事件出现，作为结果的事件就必然出现。因此，只要给出事件的初始状态，就可以必然地推出后来事件发展的一切状态。这个理论的特点是否认任何偶然性的存在。量子力学则强调事物的因果关系不是充分决定的，而是由大量同类事件发生的概率来决定的，这种概率可以用统计的方法来阐明。这个理论的特点是在承认因果必然性的同时，给偶然性以必要地位。而休谟的一个重要创见恰恰是将偶然性引入了因果关系概念。在他看来，不论两类事物如何恒常会合，出现反常情况的可能性总是存在的，这是因果关系中的应有之义。当然，他最终将因果关系的判定权交给了"习惯"，脱离了因果关系的客观性维度，这显然是错误的。不过，我们在此千万不要将休谟看成主观唯心主义者，或看成巴克莱那种认为世界上只有自己存在的唯我论者。我们可以回顾一下关于休谟的本来意图所说的话，他并不否认世间万物存在着普遍的因果关系，他反对的是人们关于因果关系的各种证明。他的因果关系理论就是要对人们如何获得因果知识提供一个真实的、符合经验主义原则的说明。尽管他的说明是错误的，但简单将它与主观唯心主义画等号是不准确的，何况其中还有许多值得后人反思和借鉴的东西。

归 纳 问 题

如果说到休谟的因果关系理论对后来的影响，不能不提到归纳问题。

什么是归纳？归纳，亦称归纳法，是一种科学推理的方法。与演绎法从一般的原理推出个别的结论不同，归纳法是从个别性前提推出普遍的结论。归纳法是经验推理的基本方法。因为我们通过对事物的观察所获得的经验总是个别的，仅就单个经验而言，我们不能作出普遍的概括，但当我们有了大量同类的经验，就可以从中概括出对这些经验普遍适用的原理。比方说，我们观察到一只天鹅是白色的，根据这一观察，我们不能说别的天鹅也是白色的。但当我们观察到许许多多的天鹅都是白色的，就可以得出一个结论，所有的天鹅都是白色的。而这个结论是否是必然的，取决于归纳的方式和所应用的范围。

归纳主要有两种形式，一种是完全归纳（完全枚举归纳），另一种是不完全归纳（简单枚举归纳）。完全归纳所考察的是某类对象中的全部个体，它的结论是必然的。比方说，北京动物园现有二十只天鹅，由观察可知，它们都是白色的，于是，在"现在的北京动物园"这个特定的范围内，我们可以得出一个必然的结论："所有的天鹅都是白色的"。不完全归纳所考察的是某类对象中的部分个体，它的结论是或然的。比方说，我们观察到现在北京动物园的天鹅都是白色的，但我们不能说往后北京动物园的天鹅永远都是白色的，更不能说世界上的所有天鹅都是白色的，因为还有许多天鹅我们没有观察到。而且一旦我们观察到相反的事实，就可以推翻原来的普遍概括。比如，当人们在澳大利亚发现了黑天鹅，"所有天鹅都是白色的"论断就成为错误的了。

　　对归纳方法的系统研究早在亚里士多德那里就已经开始了。亚里士多德着重讨论了完全归纳，鉴于它的结论是必然的，亚里士多德将它看作特殊形式的三段论推理。至于不完全归纳，鉴于它只提供或然的结论，亚里士多德认为它只适用于辩论，不能用于证明，他也没有进一步提出改进不完全归纳的可靠性的方法。由于完全归纳只描述既已存在的事实，而不能用于发现新的知识，所以常为后来的哲学家和科学家们所轻视。尤其随着近代自然科学的发展，是否有助于发现自然的奥秘和促进科学知识的增长，成为衡量一种方法是否有用的重要尺度。在这个过程中，对归纳法的研究越来越受到重视，这主要是因为人们看到，归纳法处理的是经验，而经验是直接与自然现象相接触的，归纳法对于发现自然奥秘的重要性是不言而喻的。人们对归纳法的研究着重于两个方面：一是要克服完全归纳的局限，使它成为外推的，就是说要使它能够超出既有的经验，发现未知的性质和增长知识；二是要提高它的有效性和可靠性。在这两方面，人们作了许多有益的尝试，其中以弗兰西斯·培根对归纳法的改进最为著名。与亚里士多德不同，培根将归纳法当作认识的工具，而不是辩论的工具。他设计了一套详尽的归纳程序，在他看来，只要严格地按照这套程序推理，就可以使归纳成为普遍有效的发现方法，对经验现象作出可靠的理论概括。尽管他的尝试很有启发性，但最终未能取得预期的效果，其重要原因在于，他没有清楚意识到，归纳的前提与结论之间并不存在必然的蕴含关系，因此不论他如何改进归纳的程序，都不能改变归纳推理的或然性本质。后来的许多哲学家都认识到了这一点，比如，莱布尼茨就说：印证一个一般真理的全部例子，尽管数目很多，也不足以建立这个真理的普遍必然性，因为我们不能因此说，过去发生的事情，将来也会同样发生。不过，他们的观点并没有引起充分的重视，直到休谟以更明确的方式提出这个问题，才成为人们热议的话题。

以上所说，都是为了理解休谟的归纳问题所作的准备。休谟没有像培根那样一心扑在改进归纳方法上，而是将关注的焦点放在归纳推理的逻辑本性上。他是通过对因果关系的探讨来论述归纳推理的性质的。他证明，即使我们观察到众多因果关系的事例，比如一个弹子球的碰撞引起另一个弹子球的运动，我们也不能断言，这种情况将来也一定会发生。由于人们长期以来对因果关系的必然性所抱有的一贯信念，掩盖了因果推理也是归纳推理的一种形式、它的本性也是或然的这一事实，所以，当休谟以前所未有的深刻方式揭示了因果推理的或然性本质，立刻对人们既往的因果知识概念产生了强烈的冲击。

而且不仅如此，休谟承认，不论在日常生活中还是在科学研究中，人们总是从对个别事实的归纳中推出概括性的结论，他所关心的是，这一推理是否有恰当的证据，如何证明它的合理性。他试图用习惯原理说明因果推理的本性，就是要提供这样一种证明或证据。虽然他的证明不能为人们所接受，但他所关心的问题仍然有效，这个问题可以这样来表述：在归纳推理中，对于从已观察到的事实到未观察到的事实的推断，我们有什么恰当的证据？或者说，我们有什么理由从对个别事例的观察中引出普遍性的结论？英国哲学家波普尔将这个问题概括为"归纳推理是否得到证明，或在什么条件下得到证明"的问题，他最先将这个问题称作"休谟的问题"。

归纳推理如何得到证明？休谟的问题引起了长期热烈的讨论，人们提出了种种解答方案，推进了对归纳的性质和方法的研究。我们可以试举几例。

一种解决办法是从理性主义的原则中引申出来的。理性主义者认为，要证明一个推理是有效的，取决于两个条件，一个是前提的可靠，另一个是推理过程的严格无误。于是人们设想，对于归纳推理来说，只要我们给它规定了一个可靠的前提，就可以从这个前提出发，根据严格的演绎规则推出可靠的结论，从而证明归纳推理的有效性。那么，在归纳问题上，什么样的前提最能起到这个作用呢？人们自然而然地又想到了休谟曾经反对过的"自然的一律性"。如果这个前提能得到保证，归纳推理的有效性就可以得到证明。由于休谟已经证明"自然的一律性"既没有逻辑的证据，也没有经验的证据，于是，有些哲学家另辟蹊径，试图从先天性上为"自然的一律性"原理提供保证。这个方法也是从理性主义者那里借用来的，因为理性主义者们普遍认为，先天的东西（比如天赋观念）不依赖于经验，也不是推理出来的，它们是自明的。

最先用这个方法来解决归纳问题的是我们前面提到的常识哲学家托马斯·黎德。他认为，任何科学推理都必须从一些自明的原则开始，这些原则不是别的，就是人类常识。人类常识不是后天经验活动的产物，而是人心中先天就有的，它们具有普遍必然性，可以作为推理的可靠前提。黎德不但将"凡开始存在的东西必然有其产生的原因"的判断包括在常识中，而且把"将要发生的事情同在类似情况下已经发生过的事情很可能相似"的"自然一律性"原理也包括在常识中。有了这两个常识判断作为前提，因果归纳的有效性就可以得到证明了。

康德也试图用先天的方法解决休谟的因果归纳问题。他认为，我们的感性经验是杂乱无章的，必须用人类先天就有的范畴来整理，才能成为知识。这些范畴有十二对，因果范畴是其中之一。于是，按康德所说，事物的因果关系就不是通过归纳为人所知的，而是人用先天的因果范畴来整理感性经验确定下来的。在这一过程中，人将因果关系强加给自然，使人成为自然对象的"立法者"。这样一来，在休谟所说的弹子球相撞一例中，我们就没有必要对弹子球相撞和运动的现象一一进行归纳，就可以根据先天的因果范畴断定这一事件中的因果关系。

不论是黎德的常识原则还是康德的先天范畴都是站不住脚的，关于先天概念的关键性反驳已经由洛克说过了：人的一切知识都来自经验，"天赋观念"是不存在的。而且，既然先天的东西是人内心固有的，它们如何能规定外部客观世界的本质和规律呢？这也是先天论者难以回答的问题。康德对此是有清醒认识的。他承认，对于人类知识，先天范畴的作用是有限的，即使我们有了先天范畴的帮助，也只能认识事物的现象，而不能认识事物的本质。

人们对"自然一律性"的证明屡屡失败，因为不论人们提出何种证据，都不能排除自然"非一律"的可能性。有鉴于此，德国哲学家莱辛巴赫提出了一种实用主义的解决方案。他认为，既然自然的进程有一律和非一律两种情况；那么，如果它是一律的，归纳推理有效，如果它是非一律的，归纳推理无效。但是，对于我们所能采取的各种推理方法而言，如果自然不是一律的，归纳不能成功，其他方法也不能成功，而如果自然是一律的，归纳肯定会成功，其他方法却未必会成功。因此，在不能确定自然是否一律的情况下，为了实用的目的，我们应当采取归纳方法，因为聊胜于无，这样只会有所得而不会有所失，由此可以证明归纳原则的正当性。他举了一个例子，即一个人患有严重疾病，医生说："我不知道动手术是否能挽救这个人的生命，但在治疗这个疾病的各种方法中，只有手术有可能成功，因此应当动手术。"在这个例子中，如果我们知道手术可以挽救病人的生命固然很好，但即使我们不知道，医生的话也是正当的。这里，莱辛巴赫的意思是说：尽管归纳推理不一定能提供必然的结论，但总可以提供一个对未来的最佳设想，由此可以证明归纳原则是正当的。显然，莱辛巴赫的证明与休谟的要求是有差距的。休谟要求对归纳原则的必然性证明，而不是聊胜于无的实用选择。而且，医生凭什么说各种治疗方法中，只有动手术才能挽救病人的生命？比方说，服药是否可行？显然，医生关于只有动手术才能挽救病人生命的论断也是从过去的病例中归纳出来的。于是，这里出现了用归纳事例来证明归纳合理性的循环论证，而循环论证在逻辑上是无效的。

有些哲学家试图对休谟的归纳问题作新的理解，以便找出新的解决办法。美国哲学家纳尔逊·古德曼提出的所谓"新归纳之谜"就是这样的一种尝试。

古德曼认为，休谟的归纳问题要求证明从已观察到的事实到未观察到的事实的归纳推理是正当的，而一切研究表明，我们的知识中提供不出这样的证明。既然我们提供不出这样的证明，就意味着这个问题不是真正的问题。因为如果它是真正的问题，它就不会要求我们获得不可获得的知识，也不会要求我们解释我们实际上没有的知识。那么，真正的归纳问题是什么呢？古德曼从休谟的因果关系理论中找答案。他认为，休谟根据现象的恒常会合和习惯原理来说明因果推理，就是要找出对未来事实"最有效的"预断。为了说明他的观点，古德曼曾经提出了著名的"绿蓝悖论"，这个悖论比较复杂，有兴趣的读者可以找他的《事实、虚构和预见》一书看一看。这里我们可以拿两个弹子球相撞这件事为例作简要说明。在这个事例中，我们可以作出许多不同的预断，比方说，我们可以预断两个弹子球碰撞后都不动，这种情况不包含矛盾，因此完全是可能的。可是，为什么我们却总是认为两个弹子球碰撞后，原来静止的弹子球会运动起来呢？这是因为我们通过对弹子球相撞现象的反复观察和由此形成的习惯，于是我们预断，一个弹子球的碰撞将会引起另一个弹子球的运动。休谟这里所关心的问题是：在这两个预断中，"我们为什么采取这一个预断，而不采取另一个预断"。也就是说，我们如何确定哪个预断是有效的、可确证的，哪个预断是无效的、不可确证的。与过去大家所说的那个旧的归纳问题相比，古德曼称这个问题是"新归纳之谜"。当然，对这个问题的解答又会引出新的问题和新的困难。但不论怎样，古德曼的观点为归纳问题的研究开辟了新的方向。

由于解决归纳问题所遇到的重重困难，一些哲学家走向了另一个极端，主张完全放弃归纳，形成了一股"反归纳主义"的思潮。他们认为，对归纳的辩护屡屡无效，恰恰证明作为科学推理的方法，归纳本身的资格是有问题的，因此应当将归纳从有效的科学方法中清除出去。波普尔是这一观点的代表人物。他认为，科学发现的方法不是归纳，而是假说和演绎。我们不是从大量事实中归纳出科学理论，而是首先提出某个假说，根据这个假说演绎出某个具体的结论，然后对这个结论进行观察和实验的验证。如果验证的结果表明该结论是错误的，那个假说就被否定；如果验证的结果证明该结论是正确的，那个假说就得到某种程度的确证。在此过程中，可以根据验证的结果不断对假说进行修正，使之逐渐达到更高的确证程度。比如，牛顿的万有引力定律显然不是从千千万万的事例中归纳出来的，而是首先作为假设出现，然后经过对各种物体运动的演绎运用而得到验证的。尽管波普尔反对归纳，但他对休谟的归纳研究充满敬意，认为正是休谟戳穿了"归纳的神话"，使他得以跳出传统归纳法的窠臼，赋予科学推理的本性以新的理解。

第 4 章

怀 疑 主 义

什么是怀疑主义

凡人们谈论休谟哲学，就不能不提到他的怀疑主义。在西方哲学史上，休谟是近代怀疑主义的主要代表之一，怀疑主义是休谟哲学的典型特征。

一说到怀疑主义，人们往往会以为怀疑主义就是对人类知识简单地说"不"，与那些致力于探寻真理和发现世界奥秘的哲学体系相比，似乎它完全是否定性的、破坏性的，从不提出积极的、建设性的东西。这种看法实际上是对怀疑主义的误解。

在古希腊语言中，"怀疑论者"一词的原意是"探究者""询问者"。意思是说，怀疑论者所从事的工作就是对现存的知识进行探讨和发问，力求找出它的不确切之处或缺陷，它是一种特殊的研究活动或理智行为。因此，我们不能将怀疑主义与一味简单地否定知识画等号。作为一种理智行为，在哲学上，怀疑主义表现为一种理论，一种批判态度，它属于认识论的范围。它主张对人的认识能力、人类知识的真实性和可靠性、各类学说的理论依据和证明进行怀疑，同时为怀疑的合法性辩护。怀疑主义要达到这样的理论目的，光靠说"不"是不够的，它必须有自己的根据和证明，它总是以一种理论的面貌出现的，或者说，它就是一种理论。比如，近代哲学的开创者笛卡儿主张对人类知识进行普遍的怀疑，为了证明这种怀疑的可能性和合法性，他提供了一套步步深入的论证。因此，当我们考察一种怀疑主义观点，实际上就是在考察一种理论，就是考察它的理论依据是否站得住，是否有道理。

怀疑主义是对人类既有知识的怀疑，根据知识内容的不同，怀疑主义可以在哲学的各个领域表现出来。于是，我们可以给它冠以不同的称号，比如本体论的怀疑主义、方法论的怀疑主义、理性的怀疑主义、经验的怀疑主义、科学的怀疑主义、宗教的怀疑主义等等。根据怀疑程度的不同，我们又可以区分出极端的怀疑主义、缓和的怀疑主义等。比如，古希腊的怀疑论者皮浪将一切知识都看成不可信的，主张放弃一切判断，被后人称为极端的或绝对的怀疑主义者。而他之后的中期学园派的怀疑主义者虽然也主张放弃判断，但不反对按照生活中的或然性知识办事，表现出务实的生活态度。特别要注意的是，不论怀疑主义对人类知识的否定达到何种极端的程度，但作为一种理论，它总要保留某种它所坚持或认可的东西，这个东西也许是某种范围的知识，或者是某种哲学态度。这一点即使对于皮浪那样的极端怀疑主义者也不例外，因为尽管他要求放弃一切判断，可是，他的这个要求恰恰表明了一种以事物现象为满足、追求心灵安宁的哲学态度。又如，康德怀疑人的认识能力是为了给信仰留下地盘。他认为，人的认识能力不是无限的，对于"上帝存在""灵魂不朽"等宗教信条，我们不能靠知识来获得，只能靠信仰来达到。

那么，休谟的怀疑主义是怎样的呢？作为一种理论，休谟的怀疑主义非常系统而全面，甚至笛卡儿的普遍怀疑也无法与之比肩。休谟极为重视理论的严谨性，他的怀疑主义是建立在对人类经验的深入研究和严格推理的基础上的。当他从一切知识起源于经验这一原则出发，通过对经验本性的彻底考察，发现了经验知识的限度和人类认识能力的局限，从而将经验主义推进到它的逻辑结局，揭示了它所蕴含的怀疑主义本质。这是休谟作为英国经验主义的集大成者所完成的最重大的理论使命。

值得注意的是，与其他各类怀疑主义理论不同，休谟在证明了有关经验知识的怀疑主义结论之后，并没有就此止步，而是提出了进一步的思考。那就是：虽然人的认识能力是有限的，经验知识本身是靠不住的，但人们并没有因此而丧失对人类生活必不可少的种种信念。比方说，我们仍然相信外部客观世界的存在，相信人的灵魂和精神实体的存在，相信事物的因果关系和活动规律性等，并在这些信念的指导下生活。我们之所以具有这些信念并不是因为我们事先已经得知它们是真实可靠的，而是因为它们自然而然地产生于心中，它们是一种不可抗拒的自然信念。休谟也将这些信念称为"自然的倾向""自然的本能"等。那么，这些信念是从哪里来的？它们的根据是什么？休谟认为这些问题是不能回避的。因为我们的一切知识来自经验，作为知识的表现，这些信念也一定出自同一个来源。为了证明由经验得来的知识必定导致怀疑主义，他必须证明这些信念同样不具有客观有效性，不论它们对人类心灵的影响有多么大。他通过细致的心理分析表明，对于这些信念我们没有客观实在的根据，只有主观心理的根据，我们可以描述它们形成的心理过程，但不能为它们的客观有效性辩护。这个证明也是一种怀疑主义，是对人类信念的客观根据的怀疑。

休谟的怀疑主义理论就由两个部分组成：一是通过对经验的性质和人类的能力进行考察，揭示了经验主义的怀疑主义本质；二是通过对人类信念的心理描述，否定这些信念的客观根据。在休谟的全部论述中贯穿着这样一个思想：对人类能力的怀疑和对自然信念的依赖是人们无法摆脱的两种状态。由于前者，人们倾向于皮浪式的绝对怀疑；由于后者，人们在实际生活中保持了客观务实的态度。而这两种状态的对立和人类在两种状态之间的游移不决同样是一种怀疑主义，是一种"缓和的""温和的"怀疑主义。在休谟的论述中，对认识能力的怀疑和对自然信念的心理说明是不可分割的，后者既与前者相联系，又有相对的独立性，两者共同构成了休谟的完整的怀疑主义理论。

怀疑主义是经验主义的必然结果

休谟将他的全部哲学都建立在一切知识都起源于经验的基本原则之上。这个原则是洛克首先提出来的，他根据这个原则制订出一套系统的认识论纲领，开启了近代经验主义认识论的先河。后来的一切经验主义哲学家都在以各种不同的方式理解、贯彻和发展这个原则，形成了西方哲学中蔚为壮观的经验主义潮流。

不过，从这个原则最终会引出怎样的结果，洛克本人并不十分清楚。他在制订其认识论纲领时，有一个愿望，那就是遏制怀疑主义。他认为，怀疑主义之所以产生，是因为人在考虑超出自己认识能力的事物时，会陷入困惑、疑虑和无定见的状态。如果我们通过考察人的认识能力，弄清了哪些事物是可以认识的，哪些是不可以认识的，将人的认识限定在力所能及的范围内，就可以使人们安于可知的领域，甘心让不可知的事物永远不可知。这样一来，人们就不再有怀疑的动机，怀疑主义就可以避免。

可是，这只是洛克的一厢情愿。因为人类认识客观世界的要求和欲望是无止境的，人们总要运用自己的理性能力不断探索未知世界的奥秘，从而改变自己在自然界中的地位和生活方式。这个探索过程在人类历史的长河中从未停止，并因此使人类走向文明和进步。洛克希望人们在认识世界的过程中适可而止，这谈何容易！甚至他自己也未能做到这一点。根据洛克对经验知识性质的考察结果，人类可知的一切都来自经验，人类知识中不包括超出经验本身的东西；原始的经验是个别的和具体的，不论我们如何对经验进行排列和组合，它们也不能提供经验本身所不具有的普遍性。可是，洛克并没有按照他原来设想的那样，将人的认识限定在人的认识能力可及的范围内，而是超出这个范围，设定了一些经验中所不包含的内容。这一点，主要体现在以下三个方面：

首先，他认为在人心之外有客观的物质实体存在，它们刺激人的感官，使人心中产生出各种感觉观念。他还认为有心灵实体存在，人的思想是心灵实体的功能或属性。虽然他也承认，人的经验中没有物质实体和心灵实体之类的东西，它们是人"假设"出来的，可是他却不加任何说明地赋予它们以真实的存在和实在性。在这里，他将一切知识来自经验而且只能来自经验的基本原则抛到九霄云外去了，把假设的东西当成了真实的东西。

其次，他还大谈物体的性质，将物体的性质分为原始的和次生的两种。原始的性质是指物体的固体性、广延、形状、运动、静止、数目等。它们是物体固有的，不能与物体分开。次生的性质是指物体中的一种能力，它们可以借助物体的原始性质在我们心中产生出颜色、声音、滋味、气味等各种感觉。按洛克所说，不论是原始的性质还是次生的性质都是心外存在的物体的性质，可是，我们的一切知识都来自经验，经验中并没有提供有关物体性质的知识，洛克如何能知道这一切？他只能超出经验，诉诸想象或假设。洛克还根据物体的原始性质和次生性质的区分，将我们关于物体性质的观念也分为两种，一种是原始性质的观念，另一种是次生性质的观念。他断言，原始性质的观念与物体的原始性质是相似的。也就是说，当我们具有一个物体的固体性、广延、形状等原始性质的观念，就证明这个物体也具有固体性、广延、形状等性质。而次生性质的观念和物体次生的性质则没有这种相似性。也就是说，当我们具有一个物体的颜色、声音、滋味、气味等次生性质的观念，并不意味着这个物体本身有这些性质。

最后，他还赋予人一种抽象能力，试图借此在个别的经验中发现普遍性。这里所说的抽象能力是指对一个对象的复合观念进行分离的能力。比方说，从一个苹果的观念中，我们可以分离出它的颜色、滋味、气味等各种观念。洛克认为，抽象能力是人类独有的，它将人类与低等动物区分开来，因为通过运用这种能力，人可以从个别经验中概括出普遍的东西，而动物是不会作这种概括的。比方说，我们可以从牛奶、雪、石灰的复合观念中抽象出"白"的观念，这个观念是普遍的，因为它对于这三者是共同的。这样一来，洛克就打破了经验中不提供普遍性的基本原则，而且他没有进一步说明这种抽象作用是如何可能的。因为既然一切经验都是个别的，那么，不论你如何从中进行抽象，分离出的观念"白"也是各自有别的，牛奶的"白"与雪的"白"、石灰的"白"不是一回事，因此它不可能是普遍的。

由上述可以看出，虽然洛克制订了经验主义的原则，但并没有严格遵守这些原则，反倒经常违背这些原则。这首先是因为他的哲学目的本身是有局限的。他只打算将人类知识建立在经验的基础上，然后对人类认识的发生、发展过程作"历史的、浅显的"描述，以便引出关于人的认识能力、知识的确实性和范围等方面的种种规定，他并没有深入思考他所确定的那个经验基础对于人类知识真正意味着什么。在许多至关重要的问题上，他更多地诉诸人类常识，而不是严格的理论证明。

巴克莱也试图贯彻洛克的经验主义原则。他同洛克一样把反对怀疑主义当作哲学的主要任务之一，但他对完成这项任务的理解与洛克完全不同。他认为怀疑主义的根源是唯物主义，要铲除怀疑主义就必须反对一切有关物质实体存在的观点。他认为洛克承认物质实体的存在是根本错误的，因为它违背了经验主义的原则。他试图从两个方面纠正洛克偏离原则的倾向。

一方面，他认为，既然经验是知识的唯一来源，知识以经验为限，而我们的经验没有告诉我们外部物质实体的存在，那么，就必须承认，所谓的物质完全是虚构出来的。与此同理，除了感觉经验，我们也没有关于物体性质的任何观念。巴克莱利用洛克关于次生性质的观念与物体的次生性质不相似的论断来反对物体性质存在的观点。他认为，洛克将原始的性质看成外界物体固有的，这一观点毫无根据。因为我们在构想任何原始的性质的时候，都离不开次生性质的观念，比方说，任何广延和形状都离不开特定的颜色，你无法想象一个没有任何颜色的广延或形状。可是，按洛克所说，颜色等次生性质的观念完全是在我们心中的，外界物体中并没有与之相似的东西，由此可以断定，与颜色等次生性质的观念结合在一起的原始的性质绝不会在物体中，一定也是人心中的东西。巴克莱进而指出，既然不论是原始的性质还是次生的性质都是人心中的东西，那么支撑这些性质的所谓物质实体就是毫无必要的"虚构"。

另一方面，巴克莱还坚持经验的个别性原则，反对洛克的抽象理论。他认为一切观念都是个别的、具体的，并无所谓的普遍观念。当我们说一个观念是普遍的时候，只不过是用一个个别的观念来代替其他类似的观念罢了，这里并没有洛克所说的抽象作用。比如几何学家在研究线段的性质时，可以画出一条个别的线段，用它来代表其他一切线段，于是，这条个别的线段就被当成是普遍的。巴克莱反对抽象理论也是为了反对物质的概念。他认为，所谓的"物质"概念就是人们从各个具体的观念中抽象出来的，它实际上等于"无"。

说到这里，巴克莱的一切证明和推理似乎都在严格遵守和贯彻经验主义的原则。你看，他坚持一切知识来自经验，反对关于物质实体和物体性质存在的任何断定；他坚持个别经验中不提供普遍性，反对抽象的普遍概念。可是，他的经验主义也是不彻底的。问题出在他对经验的来源的处理上。一切知识来自经验，那么，经验本身又是从何而来的呢？这个问题对于洛克很好回答：经验是由外界物体刺激人的感官引起的。而由于巴克莱根本否认有外界物体存在，他不能接受这样的回答。巴克莱的办法是向人的心灵求救。他认为，一切经验都是人的心灵自己产生的。因为人的心灵是能动的，具有产生经验的能力。于是，心灵实体的存在就成为巴克莱为一切经验设定的一个先决条件。可是，心灵实体的存在有经验的证据吗？没有，我们的经验中没有心灵实体的观念。在这里，巴克莱同样违背了一切知识来自经验的原则，设想了经验中所没有的东西——心灵实体。

　　当巴克莱排除了一切物质东西的存在，将心灵设定为一切经验的产生者时，他所理解的世界就与人们通常理解的大相径庭了。在他的世界中，只有心灵和心灵所产生的观念存在，世间的一切都是心灵的产物，一切存在的东西都是心灵所感知的观念，"存在就是被感知"，通常所说的物体只不过是观念的集合。事物就是观念，观念就是事物，两者是一回事。在这个意义上，只要你愿意，你完全可以说我们每天吃的是观念、喝的是观念、穿的是观念。

巴克莱的观点明显违背了常识，受到普遍的反对。更为荒谬的是，当他把万事万物都看成心灵的产物的时候，这些事物中当然也包括他人的心灵，于是，他就陷入一种唯我论，似乎整个世界都是他一个人的心灵创造的。法国哲学家狄德罗讽刺巴克莱说，他就像一架发疯的钢琴，以为"宇宙的全部和谐都发生它身上"。

前面说了这么多，都是关于洛克和巴克莱的，与休谟的怀疑主义有何关系？可以说，如果不了解洛克和巴克莱的观点，我们就不能真正理解休谟是如何将经验主义发展到怀疑主义的。

我们看到，洛克和巴克莱都从经验主义的原则出发，都试图用经验主义遏制怀疑主义，可是，他们都没有将经验主义的原则贯彻到底，都不同程度地承认了经验中所不包含的东西。而休谟的功绩恰恰在于，他继承了洛克和巴克莱的经验主义原则，同时克服了两人的不彻底性，坚持只用经验来说明人的知识，将经验主义原则贯彻到底了。这时他发现，洛克和巴克莱用经验主义来遏制怀疑主义的企图是无法实现的，因为经验主义的真正含义或逻辑结果不是别的，正是怀疑主义。比方说，他在考察了巴克莱关于原始性质和次生性质的学说之后指出，虽然巴克莱口口声声说要反对怀疑主义，但"他的全部论证，虽然别有用意，实际上只是怀疑主义的，因为那些论证不容有任何回答，而且不产生任何确信。它们的唯一作用是引起那种暂时的诧异、不决和混乱，这乃是怀疑主义的结果"。他甚至称巴克莱的书是"古今哲学家中所看到的最好的怀疑主义教材"。

休谟认为，如果我们彻底贯彻经验主义的原则，就不能不承认，除了经验之外，我们一无所知。在这个意义上，洛克所说的物质实体的存在，巴克莱所说的心灵实体的存在，都是超出我们经验范围的事情，都是我们所不知道的。对于以往哲学家提出的物质实体和心灵实体的概念，休谟都一概反对，认为它们无非是毫无经验根据的虚构。在这里，休谟的经验主义的意义标准成为衡量一切实体概念是否合法的唯一尺度。当人们谈论物质实体或心灵实体的时候，休谟总要问，你是否有这些实体的感觉印象，如果没有，那你所说的这些实体就毫无意义，根本没有讨论的必要。

对于休谟来说，将他的意义标准用于物质实体没有太大困难，因为他之前的许多哲学家都承认，由于人的认识能力有限，根本无法知道物质实体的本质是什么，因此也得不到关于物质实体的确切知识。比如，洛克就区分了物质实体的"名义本质"和"实在本质"。"名义本质"是指可以用普遍的性质词来描述的本质，像某种黄色、重量、可延展性、可溶性等就是黄金这个物质实体的"名义本质"，这些本质是我们根据我们的印象或观念可以知道的；"实在本质"是指物质实体内在结构的东西，它决定一个物体就是这个物体而不是别的物体。洛克认为，由于认识能力的局限，我们只能知道物体的"名义本质"，不知道"实在本质"。

可是，当休谟将他的意义标准用到心灵实体上时，就不那么轻而易举了。因为不论从哲学上还是从生活常识上，还没有人对心灵实体的存在产生怀疑。要说人有各种各样的印象和观念，可以进行各种思想活动，可是却没有心灵实体，那是十分荒谬的。因为这些印象、观念或思想活动都是由于有了心灵才可能的：如果没有心灵，它们从哪里来？栖身何处？而且，与对物质实体的了解相比，人对自己心灵实体的了解应当是最清楚不过的了，如果说我们对它一无所知，似乎也说不过去。

为证明心灵实体的存在，笛卡儿曾提出了一个著名的命题："我思故我在。"他认为，"我"可以怀疑一切，但不能怀疑"我"的心灵实体的存在。因为"我在怀疑"这件事本身就证明了"我"这个心灵实体的存在：既然"我"在怀疑，"我"这个心灵实体肯定是存在的；如果我在怀疑，可是却没有正在进行怀疑的心灵实体，那是说不通的。笛卡儿的这个证明十分有影响，甚至洛克也步其后尘，只不过更强调了感知的作用。他说，"我"可以怀疑一切东西，正是这种怀疑使"我"知觉到"我"自己的存在，因为在这里"我"不但知觉到正在进行的怀疑活动，还知觉到"我"这个进行怀疑活动的心灵实体的存在。巴克莱将心灵实体的存在推进到无以复加的崇高地位，将它作为他的哲学体系的核心概念，认为整个世界的存在都是依赖于"我"这个心灵实体的。

无论如何，当休谟对心灵实体的存在提出疑问，他实际是在向此前全部哲学普遍接受的一个观点发起挑战，他的勇气不能不令人钦佩，而他所凭借的主要武器就是他的意义理论。面对种种关于心灵实体的观点，休谟首先问：哲学家们所说的心灵实体是什么意思呢？他指出，如果我们彻底贯彻经验主义的原则，我们就不能接受心灵实体的概念。因为一个哲学概念是否有意义，就看它是否有感觉印象的根据，而我们找不到任何心灵实体的印象。他反诘说："我希望那些自称我们对心灵实体有一个观念的哲学家们指出产生那个观念的那个印象来，并且清楚地说出，那个印象是以什么方式发生作用，是由什么对象来的。这个印象是愉快的，还是痛苦的，还是漠然的呢？这个印象是永远伴随着我们，还是有间歇地返回来的呢？如果它是有间歇地返回来的，那么主要是什么时候返回来的呢？并且是由什么原因产生出来的呢?"在休谟看来,这一系列问题都是主张心灵实体的人无法解答的。

然后,休谟又一一反驳了此前哲学家关于心灵实体的种种观点。比如,根据自亚里士多德以来的实体理论,心灵实体是独自存在的东西,是感觉、思维、情感、意志等各种精神活动的支撑和寓托。休谟认为,我们唯一所知的就是我们的各种印象和观念,它们是各自独立的、互不依赖的,它们不需要任何支撑和寓托就可以存在。针对有些人说心灵实体和知觉的关系是主动和被动、产生和被产生的关系,休谟反驳说,原始知觉是自己"呈现"出来的,这种"呈现"并不意味着一定要有一个产生者,因此,完全没有必要设想一个具有主动产生能力的心灵实体。

为了证明物质实体和心灵实体的存在,洛克和巴克莱曾经诉诸因果关系的概念:前者说人的感觉观念是由物体作用于感官引起的,因此物质实体是存在的;后者说人的感觉观念是由心灵创造的,因此心灵实体是存在的。而休谟的因果关系学说将这个论证思路彻底粉碎了。休谟证明,我们从当下的经验推出未经验到的存在只能靠因果推理,而因果推理只不过是一种习惯性倾向,它并不具有客观有效性,因此不能用来证明心灵实体的存在。

这样一来,我们的知识状况是什么样子呢?休谟断言,我们不知道任何实体的存在及性质，也不知道任何客观的因果规律性，除了狭小的经验范围以外，我们实际上是一无所知。这样的观点正是一种怀疑主义。后来英国的著名博物学家赫胥黎首次将休谟的怀疑主义称作"不可知论"，于是，"不可知论"就成了休谟怀疑主义的标志。

"温和的"怀疑主义

休谟在其经验主义前辈的理论成果的基础上，通过深入的论证，揭示了经验主义的真正结果是怀疑主义，这是他对经验主义哲学作出的重大贡献。不过，我们不能因为休谟的论证十分彻底，就想当然地以为他的怀疑主义也一定是非常极端的。这是因为，他除了揭示经验主义的怀疑主义蕴含以外，他还坚持其他一些主张，这些主张使他的怀疑主义与古代怀疑论者皮浪式的极端怀疑主义区分开来，表现出缓和的或温和的一面。

首先，休谟的怀疑主义有明显的现象论特征。现象论是一种以现象为理论核心的哲学理论。现象论者承认客观世界是存在的，只是我们不能认识；我们所认识的只是事物的现象，而不是事物的本质。在客观世界的存在问题上，休谟是现象论者。前面在谈到休谟的因果关系理论时我们说过，休谟并不否认事物之间因果关系的存在，他关心的是如何对因果关系和因果推理的性质作出说明。与此相似，休谟也不否认外部客观世界的存在。他曾说：如果有人问是否有物体存在，这是一个不需要回答的问题，因为对于我们的一切推理来说，这乃是理所当然的。他所关心的是，对于这个世界的存在我们有什么样的证据。他通过对经验主义原则的考察证明，对此我们没有经验的证据，经验主义的方法对于证明外部世界的存在是无效的。由此他得出结论，由于人的认识能力是有限的，因此我们只能认识事物的现象，不能认识事物的本质。他说："我们如果把自己的思辨限制于对象在我们感官面前的现象，而不进一步探究对象的真正的本性和作用，那么我们便可以免除一切困难，也永不会被任何问题所困惑……如果我们把我们的探讨推进到对象在感官前的现象以外，我恐怕我们的大部分结论都将充满了怀疑主义和不确定。"

我们在谈到休谟的现象论时，应当与主观唯心主义有所区分。在哲学中，现象论与主观唯心主义有密切关系，它们都以主观意识为中心。不同的是，主观唯心主义不承认客观世界的实在性，只承认主观意识的实在性，极端的主观主义会导致唯我论，如巴克莱那样。而现象论则认为客观世界是实在的，只是我们不能认识。休谟的现象论将他的怀疑主义同巴克莱的怀疑主义区分开来，而与康德的不可知论联系在一起。康德承认人的意识之外有"物自体"存在，但他认为，人所认识的只是物自体的现象，而不是物自体本身，当人试图运用理性去认识物自体时，必定会陷入错误和矛盾。尽管休谟的论证不如康德的精致，但他的理论要求与康德的基本一致，即都要求划分现象和本质的界限，将可知的东西和不可知的东西区分开来。

其次，休谟主张对知识的范围画出界线，使人只探讨与自己的能力相适应的题目。前面在介绍洛克的观点时说过，洛克也试图为人类知识划定界限，将人的认识限制在力所能及的范围内。洛克这样做是为了使人放弃追求达不到的知识，从而消除怀疑主义的动机。而休谟与洛克的所见不同。他认为，限制人的认识范围，本身就是一种怀疑主义，是对人类理性能力的怀疑。不过，他认为这种怀疑是合理的，因为它符合人类认识能力的实际状况，它可以使人避免各种不切实际的幻想和荒谬的妄断。

如何划分知识的范围？在本书第 2 章我们曾详细介绍过休谟关于"观念的关系"和"实际的事情"两类知识的划分，即所谓的"休谟之叉"。在他看来，这就是人类知识的全部范围。如果就具体的学科而论，按休谟所说，"观念的关系"包括数学和逻辑，"实际的事情"主要指因果推理的知识，这类知识涉及事物的存在，构成了人类知识的大部分。这类知识中有些是关于特殊事实的，包括历史学、年代学、地理学、天文学等；另一种是关于普遍事实的，包括政治学和自然科学等。

通过对知识的划分，休谟得出了一个重要的结论，那就是，除了这两类知识以外，任何其他的理论研究都是没有意义的，都应当被怀疑和抛弃。他在《人类理智研究》的结尾说了一段脍炙人口的话，表明了他的这个态度。他说："如果我们手里拿起任何一本书来，例如神学或经院形而上学的书，我们就可以问：它包含着关于数和量方面的任何抽象推理吗？没有。它包含着关于事实和存在的任何经验推理吗？没有。那么，我们就把它投到火里去，因为它所能包含的没有别的，只有诡辩和幻想。"他的这段话后来被逻辑实证主义者当作"拒斥形而上学"的宣言。

再次，休谟认为，在哲学研究中，怀疑不是目的，而是手段。我们可以把怀疑当作从事研究之前的必要准备，以使我们摆脱各种偏见，保持判断的公正。笛卡儿就是大力提倡这种怀疑方法的哲学家。为了防止错误和仓促判断，笛卡儿要求对以往的一切理论观点，以及我们的各种能力都进行普遍的怀疑。他认为通过这种怀疑，就可以确定一个不容置疑的自明原则，然后在这个原则的基础上进行严格推理，就可以建立真实可靠的知识大厦。休谟认为笛卡儿对这种普遍怀疑的看法过于乐观了。因为不论我们如何进行怀疑，我们并没有获得笛卡儿所说的那种不容置疑的自明原则，而且即使有了这样的原则，由于我们能力上的缺陷，我们也不可能从中推出任何可靠的东西来。因此，笛卡儿的普遍怀疑实际上是无法运用的，因为它不能给我们带来任何确信。不过，休谟并没有将笛卡儿的怀疑方法完全抛弃。他认为，如果我们有节制地运用普遍怀疑的方法，不要像笛卡儿那样过分，那么，这个方法是十分有益的。因为它无非是要求我们，在从事研究的时候应当从可靠的前提出发，在推理过程中要小心谨慎、步骤稳妥，对得出的结论要反复检查，避免错误。他认为，这实际上是我们有望达到真理、获得可靠知识的唯一方法。

最后，休谟主张将理论上的怀疑主义与现实生活中的务实态度区分开来，用人的自然信念和生活常识来抵制绝对的怀疑主义。他认为，不论我们在思辨中能将怀疑主义推进到多么深远的地步，但在现实生活中，我们总有一些必不可少的自然信念，在这些信念的指导下，我们服从生活常识，热情地投入生活和享受生活，将生活的需要放在首位。我们可以尊敬哲学的思辨，但绝不能因思辨带来的疑虑而毁灭我们的生活。总之，我们必须按照自然信念和生活常识来行事，只有它们能够将我们从怀疑主义的困境中解救出来。

在《人性论》中，休谟用了一大段话描述他的这种心境。他说："理性虽然不能驱散这些疑云，可是自然本身却足以达到那个目的，把我们的哲学的忧郁症和昏迷治愈了，或者是通过松弛这种心灵的倾向，或者是通过某种事物和感官的生动印象，消除了所有这些妄想。我就餐，我对弈，我谈话，并同友人玩乐，而在经过三四个小时的娱乐之后，我再回到这些思辨上时，这些思辨显得那么冷漠、牵强和可笑，以致我发现再也无心继续进行这类思辨了。于是，在这里，我发现自己绝对而必然地决心要生活、谈话和行动，正如日常生活中的其他人们一样。"休谟宣称，正是这样一种顺从自然的生活态度"赤裸裸地表明了我的怀疑主义的心情和原则"。与皮浪主义者那种对生活的冷漠和"不动心"态度相比，休谟的怀疑主义更多地体现出对现实生活的追求和尊重，这与他作为启蒙思想家的乐观主义生活态度是分不开的。

从理论来源上看，休谟的这种态度明显受到古代学园派怀疑主义者的影响。学园派怀疑主义者是指柏拉图创办的学园在他死后的中期发展中出现的一些哲学家。休谟明确反对皮浪的"过分的"怀疑主义，赞赏学园派怀疑主义者的主张。在他看来，虽然学园派怀疑论者也认为由于缺乏辨别真伪的标准，应当放弃判断，但他们比较务实，在处理各类生活问题时，主张根据事物的或然程度的不同，按照更接近于真实的判断行事。休谟关于按照自然倾向和生活常识行事的主张与学园派怀疑主义者的观点是很接近的。

信念问题：我们为什么相信物体和心灵的存在

问题的提起

当说到休谟的"温和的"怀疑主义的时候，我们特别强调休谟将理论思辨的怀疑主义结果与实际生活中的处事态度区分开来，将怀疑主义的态度与自然的信念区分开来。这里所说的自然信念内容广泛，涵盖了人类生活的各个方面。但其中最主要的、决定其他一切信念的是关于物体的存在和心灵的存在的信念。因为我们只有相信物体的存在，才谈得上探讨外部物质世界的性质以及我们与它的关系；我们只有相信心灵的存在，才谈得上自己的精神世界以及我们作为认识主体对客观世界的认识。正由于我们相信物体和心灵的存在，才在这些信念的指导下拥有了人的现实生活。可是，由前面的论证可知，在休谟看来，我们的经验并没有给我们提供有关物体和心灵存在的知识。洛克关于物体存在的断言，巴克莱关于心灵存在的断言，都只不过是没有经验根据的假设或独断。于是，这里自然而然引出了一个问题：为什么我们在理论上主张怀疑主义，而在实际生活中却按照自然的信念行事呢？这些信念是从哪里来的？它们为什么会有如此巨大的力量，竟然可以对抗由理论思辨得出的结论呢？为了回答这个问题，休谟提出了他的信念理论。

也许有读者会问，既然休谟关心的是知识的性质问题，他只要证明由经验得来的知识是靠不住的、可以怀疑的，就已经达到目的了，如果他再要考虑人怎样获得自然信念，以及自然信念有何种影响的问题，那不是多此一举吗？这里我们不能不提到西方哲学关于知识的传统概念。自柏拉图以来，西方哲学家们所说的知识就是与信念联系在一起的，知识被定义为"被证明为正确的真信念"或"有恰当证据的真信念"。根据这个定义，当我们说一个人有某项知识，比方说关于"地球围绕太阳旋转"的知识，必须满足三个条件，即："地球围绕太阳旋转"这个命题是真实的；这个人相信这个命题；他的这个信念可以得到确证。只有同时满足了这三个条件，我们才能说这个人具有或知道"地球围绕太阳旋转"的知识。在这个定义中，信念的环节是不可少的，"信"就意味着"接受"或"同意"。这里强调的是，"知"必定意味着"信"，如果一个人自称有了"地球围绕太阳旋转"的知识，却又不相信它，那就不能说他有了这项知识。而且，光有信念还不行，还必须提供这个信念的真实性的证据，如果没有这样的证据，也不能说有了某项知识。当然，人总是有各种信念的，有些能够被确证，有些不能，只有被确证为真实的信念才称得上是知识，得不到确证的信念，只能算作"意见"。

根据上述知识的定义，我们就不难理解休谟为什么关注信念问题了，因为从西方哲学的传统概念上说，知识问题本来就是包含信念问题在内的。休谟认为，人类具有普遍的自然信念用来指导人类生活，这是人所共知的事实。对于这个事实，应当给出怀疑主义的说明。如果不能给出这样的说明，那就意味着，在人类知识中有不能怀疑的东西，怀疑主义对于自然信念是无效的。为了彻底说明经验知识的怀疑主义性质，休谟在论述了经验主义的最终结果是怀疑主义之后，又将他的论证推进一步，着手考察自然信念的本性，并且指出，人类的自然信念固然可以指导人类生活，却不足以克服怀疑主义，从而将他的信念理论变成了他的整个怀疑主义的组成部分。

信念的考察如何进行？以什么为依据？作为彻底的经验主义者，休谟在此没有别的选择，如同对因果关系的考察一样，他只能依据人的经验，依据在经验基础上的对人的心理活动的分析和描述。他的论证思路是：首先说明这些自然信念是如何形成并对人的心灵起决定作用的；然后指出这些信念虽然可以作为生活的指导，却不能用来消除怀疑主义，因为它们只能提供心理活动的证据，不能提供客观实在的证据，它们同样是"可错的、骗人的"；最后得出建立在自然信念基础上的知识同样不能避免怀疑主义的结论。

在具体论述休谟的观点之前，我们必须先说一说休谟所谓的信念是怎样一种心理状态，它有什么样的心理特征。

休谟认为，人的想象是自由的，可以对心中的观念进行任意的分离和组合，从而构想出各种各样的事情来。在这些事情中，有些我们相信，成为信念，有些我们不相信，成为虚构。信念和虚构的区别就在于我们想象它们时的强烈和生动的程度不同。当我们对一件事情具有信念时，这件事在想象上就比较强烈和生动，对我们的思想有较大的影响，使我们对它有同意、接受和肯定的倾向；反之，虚构的事情则没有那样强烈和生动，它们对心灵的影响也不大。因此，在休谟看来，要说明我们对某事有信念，就是要说明我们对这件事的想象是强烈的、生动的。休谟对信念的考察就是根据这个思路进行的。

我们为什么相信物体的存在

休谟首先考察关于物体存在的信念。他认为，如果直接考察我们是如何相信物体存在的，这个题目有点笼统，无从说起。于是，他将这个问题具体化，分解为如下两个子问题。一个问题是：既然我们对物体所知的一切都依赖于我们的感觉经验，那么，当我们对一个物体的感觉消失了，比如闭目不看，为什么我们还会相信这个物体继续存在？另一个问题是：我们为什么会相信物体可以不依赖于我们的心灵和感觉经验而独立存在？

显然，这两个问题是互相关联、互相支持的，证明了其中一个，也就证明了另一个。因为如果我们相信一个物体在未被感觉时仍继续存在，那么，我们也会相信它是不依赖于心灵和感觉经验而独立存在的；反过来，如果我们相信一个物体是不依赖于心灵和感觉经验而独立存在的，那么，我们也会相信我们未感觉到它时它也一定继续存在。而这两个信念合在一起，就构成了我们关于物体存在的信念。换句话说，我们只要证明这两个信念中的任何一个，也就证明了关于物体存在的信念。不过，在证明的顺序上，这两个信念有先后之分：继续存在的信念先于独立存在的信念，后者是前者的"必然推理"。于是，休谟认为，要证明我们关于物体

111

存在的信念，最关键的是要证明物体继续存在的信念，只要证明了这个信念是如何在人的心中产生的，我们关于物体存在信念的证明就大功告成了。

也许有人会问，休谟为什么绕了这么一个大圈子来证明物体存在的信念，有必要吗？我们说，休谟对关于物体存在的信念进行分解，然后确定首先从证明物体继续存在的信念入手，是有理论原因的。那就是，他借鉴和吸取了巴克莱的教训。如前面所说，休谟同巴克莱一样，认为对于物体的存在我们没有超出经验的证据。正根据这一点，巴克莱否认外界物体的存在，认为所谓的物体只不过是"感觉的复合"。这时，他遇到了一个致命的反驳：如果所谓的物体只不过是某种感觉，那么就意味着，当感觉消失时，比如我闭目不看，一切物体也就不存在了。显然这是严重违反常识的：我无法相信我一闭眼，我刚才所见的一切，包括我居住的房屋、桌椅、书籍，乃至我的父母、子女全都不存在了；而且，那些当下不在我视线之内的东西，比如我昨天去过的花园，我在远方的朋友也都不存在了。如果真是这样，我们的生活岂不变得完全不可理解了吗？我们如何把握和面对一个断断续续、忽生忽灭的世界呢？巴克莱这里所遇到的问题就是所谓的感觉中断时物体是否继续存在的问题。虽然巴克莱为回答这个问题绞尽脑汁，仍不能令人满意，他最后不得不违背他自己制定的"存在就是被感知"原则，设想了我们所感知不到的上帝这个"大心灵"的存在，用它来保证物体的存在。他说，上帝无时无刻不在感知着万物，所以，虽然我闭目不看，物体不存在于我的心中，但它因上帝的感知而继续存在于上帝的心中。

休谟不同意巴克莱用上帝的感知来保证万物继续存在的观点，但他从巴克莱所遭遇的理论困境中意识到，如果要坚持从人的经验和心灵活动来说明物体存在的信念，关键是要说明我们为什么相信物体未被感知时的继续存在。在某种意义上，休谟的任务是要解决巴克莱所遇到的难题。

那么，如何来说明呢？直接依靠感觉是不行的，因为如前所说，虽然感觉是认识的基本材料，但它不提供感觉之外物体存在的证据。于是，休谟只能诉诸人的心理活动，在这里，他找到了他认为能够说明物体继续存在信念的唯一根据，那就是联想。

何谓联想？联想是由一个事物想到另一个事物的心理活动，是人类最基本的心理活动之一。人具有联想能力，这是人们普遍熟知的一个事实，可是，休谟却从这个人们熟知的事实中找到了说明人类信念活动的钥匙。如我们所知，经验主义者认为经验元素是各自独立、互无联系的。经验元素的这种原子性使经验主义者在处理一切普遍性问题（**对物体**

存在的信念也是这样的问题）时都束手无策。可是，休谟发现，尽管经验元素是原子性的，但人们的思想确是连贯的。在思想中，经验元素总是按照一定的承启关系联系起来，形成某种发展的脉络，即使是胡思乱想，也有一定的思想路径可循。而使人心克服经验元素的原子性，将各自独立的观念联系起来的，就是联想。休谟将联想分为三种：一种是类似联想，比如看到一幅朋友的肖像画，就会联想到这位朋友。第二种是接近联想，比如在谈到巴黎的塞纳河时，就会想到河边耸立的巴黎圣母院。第三种是因果联想，比如在看到一个弹子球将要撞击另一个静止的弹子球时，就会想到静止的弹子球的运动。显然，这里的因果联想只不过是休谟所说的因果推理的另一个名称罢了。

　　由于联想的作用，人心中的观念就不再是一堆互不相干的心理原子，而是形成了一个具有普遍联系的观念世界。联想的这个作用对于经验主义的重要性是无论如何强调都不过分的，因为它终于使经验主义者可以摆脱经验个体性的困扰，发现它们之间的联系了。休谟对联想原理给予很高的评价。他说："如果我们考虑到，对心灵来说，这些原理是将宇宙的各个部分结合在一起，或将我们同我们之外的任何人或任何对象联系起来的唯一纽带，那么，我们就很容易想到这些原理在人性科学中应当具有何种广泛的影响。既然任何事情只有借思想才对我们的情感发生作用，而这些联想是我们的思想的唯一纽带，那么，这些联想对我们来说，实际上就是宇宙的黏合剂，心灵的一切活动必定在很大程度上依赖于它们。"休谟声称，如果他的哲学中有任何东西能够使他配得上"发明者"的光荣称号的话，那就是他对联想原理的运用。

休谟对联想的运用是多方面的，其中最主要的运用就是说明人的自然信念。下面让我们来看一看休谟是如何用联想来说明人关于物体的继续存在的信念的。

第一，感觉的恒定性和一贯性。感觉经验是人心中最原始的材料，人的一切心理活动都是在感觉经验的基础上进行的，信念也不例外。那么，当我们相信物体的继续存在的时候，我们对这些物体的感觉有什么特殊性质呢？这是休谟首先考察的问题。休谟发现，有时候我们相信物体的继续存在，有时候我们不相信物体的继续存在，而在这两种情况下我们对物体的感觉是不一样的。前者具有后者所没有的两个特性，即恒定性和一贯性。所谓恒定性是指前后出现的感觉是恒定不变的。比如，我们关于山岭、房屋、树木、床、桌子、纸张等物体的视觉，总是保持原来的样子，即使我们因闭上眼睛而将这些视觉打断，当我们重新睁开眼睛时，这些视觉也不会有变化。在许多情况下，我们对继续存在的物体的感觉是没有恒定性的，也就是说，它们会随着时间的流逝而发生显著变化。不过，在这时，这些变化的感觉之间有一种一贯的联系，一种有规则的互相依赖，使我们不会将它们看成毫不相干的，这就是感觉的一贯性。比如，当我们离开房间时壁炉里的火熊熊燃烧，一小时后回来，炉火已经减弱或熄灭了，这时，虽然我们对炉火的前后感觉有很大不同，但我们仍将它们看成一贯联系着的，认为它们就是那同一堆炉火。

第二，感觉的恒定性和一贯性是由联想造成的。尽管我们对继续存在的物体的感觉有恒定性和一贯性，但根据对经验本性的分析，这两个特性绝不是感觉经验本身具有的。因为感觉经验的本性是它的原子性，各个感觉元素是互相区别、各自独立的，它们不可能因完全一样而形成恒定性，也不可能因相互联系和依赖而形成一贯性。因此，感觉的恒定性和一贯性不是由感觉的本性决定的，而是由人心的联想作用造成的，因为，只有联想才能将各自有别的感觉元素联系起来，使它们显出恒定性和一贯性。

感觉的恒定性是如何由联想造成的呢？在这里主要起作用的是"类似联想"。其过程如下：虽然感觉元素是各自不同的，但有些十分相似。当许多相似的感觉接续出现，想象就顺利地从一个感觉过渡到另一个感觉，这一想象的进程不

116

但由于感觉的相似而变得十分容易，而且使心灵产生了一种将这些感觉联系起来、混淆起来的"倾向"，同时忽略了它们之间的差异和不同。于是，心灵中的感觉就好像变成了同一个感觉。比如，我们坐在书房里，有了眼前一张书桌的视觉。然后闭上眼睛，再睁开，会发现后来的视觉与先前的视觉完全相似，区分不出它们之间有什么不同，它们就好像是同一个视觉似的。休谟说："这种类似关系在上千个例子中被观察过，并且以最强固的关系自然而然把这些间断知觉的观念联系起来，而以一种顺利的推移把心灵由一个观念传送到另一个观念。想象沿着这些差异而有间断的知觉观念有一种顺利的推移或进程，这种推移和我们思考一个恒定而不间断的知觉时的心理倾向几乎是同样的。因此，我们就把两者混淆起来，这是很自然的。"

感觉的一贯性是如何由联想造成的呢？与恒定性的情况不同，这里主要起作用的是"因果联想"，其过程是这样的：虽然许多感觉并不相似，但当它们经常接续出现，我们就会因为它们的恒常会合而形成一种习惯，当一个感觉出现时就会想到与它恒常会合的另一个感觉也会出现，并认为前者是后者的原因。于是，我们就将这两个感觉当成一贯联系、互相依赖的，而不会将它们看成互不相干的个体。以前面提到的炉火为例，虽然我们前后的感觉不同，但我们依据以往许多相似事例中的相似变化，习惯于将前后不同的感觉当成是一贯联系、互相依赖的，也就是说，将后来减弱或熄灭的炉火当成由原来那堆熊熊燃烧的炉火变化而来的。

第三，假设对联想作用的补充。虽然通过联想我们获得了感觉的恒定性和一贯性，但感觉的恒定性和一贯性还不足以使心灵想到这些感觉是继续存在的。要做到这一点，还需要"假设"的帮助，在休谟的用法中，这里的"假设"与"虚构"是一个意思。

先说感觉的一贯性。虽然这种一贯性使不同的感觉处于依赖关系中，但这种关系很容易被感觉的中断（如闭眼或掉头不看）所打断，因此是不完善的，影响了联想的顺利推移。这时，如果我们"假设"或"虚构"这些感觉有一种继续的存在，那么这种一贯性就会更加一致，就会使心灵的联想进程更自然、更完善。

再说感觉的恒定性。虽然这种恒定性使心灵将不同的感觉当成同一个感觉，但由于这些感觉的出现往往是间断的，比如，我们并不总是目不转睛地盯着一座山看，而是断断续续地看到它。感觉的这种间断性使心灵对这些感觉是否是同一个感觉产生了困惑和不安。这时，为了克服心灵的困惑，使它安定下来，我们就"假设"或"虚构"这些感觉在间断时仍然继续存在着。

第四，对感觉继续存在的"假设"或"虚构"如何变成了对感觉继续存在的信念。重要的是，我们不但"假设"了感觉的继续存在，而且还"相信"这个"假设"。这里的信念是由何而来的呢？原来，心灵在形成感觉的一贯性和恒定性的过程中，由于联想活动进行得非常顺利、非常自然，没有一点含糊和犹豫之处，这就使心灵将那些感觉的强烈性和生动性也带到感觉的一贯性和恒定性上来了，使它们也变得十分强烈和生动。而我们不要忘记，为了支持感觉的一贯性和恒定性，我们"假设"或"虚构"了感觉的继续存在，现在既然感觉的一贯性和恒定性是强烈的、生动的，这种强烈性和生动性又反过来支持了关于感觉的继续存在的那个"假设"或"虚构"，使这个"假设"或"虚构"也变得可信起来，成为我们的一个信念。因为按前面休谟所说，我们对某事具有信念以及信念与"虚构的区别"完全在于我们对某事有强烈而生动的想象。

第五，至此，休谟说明了对于感觉继续存在的信念是如何形成的。也许读者会问，休谟不是要说明我们关于物体继续存在的信念是如何形成的吗？而在这里，他只说明了关于感觉继续存在的信念是如何形成的，并没有说明关于物体继续存在的信念是如何形成的，感觉的继续存在和物体的继续存在不是一回事。的确，休谟这里只说明了我们关于感觉继续存在的信念是如何形成的，但他认为对于普通人来说，这个说明也适用于我们关于物体继续存在的信念是如何形成的问题。因为在普通人那里，对物体的感觉和被感觉的物体是不分的，它们被当作一回事。比方说，一个普通人向你描述周围绿树成荫、鸟语花香的景象，他描述的只是他自己的感觉，但他将它当作周围物体的实际情形，他从来没有想到它们与自己的感觉是两回事。因此，普通人相信感觉的继续存在，也就是相信外界物体的继续存在，这里没有什么区别。正因为如此，休谟将他的上述理论称作"通俗的体系"，认为它说明了普通人的情况。

不论怎样，根据本节开始时对问题的划分，当休谟证明了人对物体继续存在的信念是如何形成的，人对物体独立存在的信念也就不证自明了。而当我们具有了物体继续存在的信念和独立存在的信念，也就意味着我们具有了物体存在的信念。这就是休谟关于人类如何具有关于物体存在信念的全部证明。

不过，我们在前面还说过，休谟考察信念是为了说明经验知识的怀疑主义性质。所以，当他煞费苦心地为物体存在的信念寻找根据，并赋予它们以指导人类生活的重要作用之后，又马上否认了它们的可靠性。他指出，不论我们对物体存在的信念如何牢固和强烈，都不能用来规定外部世界的状

120

态和性质，因为这个信念完全是建立在人的经验和心理活动的基础上的，它们没有客观实在根据。而且，只要我们稍微进行哲学的思考，那些经验和心理活动的说明也就站不住脚了。比如，当我们用手压迫我们的眼睛，我们的视觉就会出现双像，当我们患某些疾病时，我们视觉的颜色、味觉的滋味都会发生改变。这些清楚地说明，我们的感觉并不具有独立和继续的存在，它们依赖于我们感官的状态、神经和元气的配置。哲学家们还进一步将主观的东西与客观的东西区分开，将主观经验看作客观事物的表象。这种以主、客对立为根据的观点是近代西方认识论的一个基本观点，休谟将其称为"哲学的体系"，以表示与前面所说的"通俗的体系"的对立。不过，休谟并不认为"哲学的体系"能够克服"通俗的体系"所遇到的困难，因为它同样无法说明我们对外部事物的信念如何获得客观有效性的问题。

这样一来，在外界物体存在的信念问题上，我们又陷入极大的困惑之中。"你赞成感觉的真实从而顺从自然的本能和倾向吗？那么，就会使你相信知觉或可感的影像正是外界的对象。你把这个原则抛弃了，以便接受一个比较合理的信念，以为知觉只是某种外物的表象吗？那么，在此你又脱离了你的自然的倾向和明显的情感，而且也无法满足你的理性，因为理性从未在经验中找到任何可信的证据，来证明知觉与任何外界对象有联系。"休谟认为，这样一种在对立观点中无所适从的心境，恰恰是"将普遍的疑虑用于人类知识和研究的一切题目上时"出现的更深刻的怀疑主义。

我们为什么相信心灵的存在

前面已经说过，休谟否认我们有关于心灵实体存在的知识，由此将巴克莱的经验主义向前推进了一大步，将心灵实体的存在也取消了。可是，人们毕竟相信自己有一个心灵实体，把它看成一切精神活动的原因和发动者。那么，休谟是如何说明我们关于心灵实体存在的信念的呢？

首先，休谟试图根据经验的性质说明我们所说的心灵实体是什么。在此，他借用了巴克莱关于物体是"感觉的复合"观点，将它用在心灵实体上，认为心灵也是"感觉的复合"。他说："当我亲切地体会我们所谓的我自己时，我总是碰到这个或那个特殊的知觉，如冷或热、明或暗、爱或恨、痛苦或快乐等等的知觉，任何时候我都不能抓住一个没有知觉的我自己，而且我也不能观察到任何东西，只能观察到知觉。当我的知觉在任何时期内失去的时候，例如在酣睡中，那么在那个时期内我便觉察不到我自己，因而自我可以说是不存在的。"他断言，自我就是"一束知觉或知觉的集合"，"形成自我的就是这些知觉的组合"。休谟的这个观点也被称作"心灵的知觉束理论",它的主旨是反对脱离知觉来理解心灵,反对把心灵看作与知觉不同的实体性的存在。休谟强调,我们的知觉并不是由所谓的心灵产生出来的,恰恰相反,心灵乃是由知觉"构成的"。

根据休谟的观点,既然心灵只是一束知觉,那么不论它是如何由知觉构成的,它必定具有与知觉同样的性质。知觉的性质是什么呢?知觉的性质是它的原子性和瞬时性,也就是说,知觉元素是各自独立、互无联系的,它们呈现出来时也是转瞬即逝、来去匆匆,不会在那里保持不动。因此,如果心灵是一束知觉,那么,它一定是支离破碎、不断变化的,没有任何连贯性和同一性。这样一种心灵概念显然与人们的通常信念相违背。因为人们普遍认为,心灵是连贯而稳定的精神实体,它具有内在的同一性,不论我们的思想如何变化,这个从事思想活动的心灵必定是同一个心灵。比方说,昨天我的心灵在进行哲学思考,今天我的心灵在制订旅游计划,尽管心灵在不同的时间考虑的内容完全不同,但我们不会认为这里有两个心灵,而会认为昨天那个心灵与今天的心灵是同一个心灵,它们之间有同一性。可是,休谟却坚持自己的观点。他认为,既然心灵是由互无联系的知觉构成的,那么,由于此时构成心灵的知觉与彼时构成心灵的知觉是不同的,所以心灵是没有跨时间的同一性的,所谓的心灵同一性只不过是一个"虚构"。他进而认为，人们之所以相信心灵实体的存在，就是因为他们相信心灵具有同一性，因此，要说明人们关于心灵实体存在的信念是如何产生的，关键是要说明人们关于心灵的同一性信念是如何产生的。

说到这里，我们应当介绍一下哲学上的心灵同一性问题。心灵是否有同一性？如何说明心灵的同一性？这个问题实际上就是哲学上所谓的"人格同一性"问题，通俗一点说，也就是在不同时间以及人的各方面特征发生变化的情况下，如何确认一个人仍然是同一个人的问题。比方说，你在街上偶遇一个人，你认出他是你十年前的同学，可是这个人肯定在很多方面（包括外表和思想）与你十年前的同学很不一样，那你凭什么说他是你的那个同学呢？

"人格"这个词来自拉丁语，是个多义词。在哲学上，人们一般都在与"物"相区别的意义上强调"人格"的意识性、精神活动的主动性等等。近代关于"人格"的经典定义是由洛克作出的。洛克说："所谓人格就是一个思想的、理智的存在，它具有理性，能够反省，并且能在不同的时间和地点，将自身认作自身，认作同一个思想着的东西。"显然，在洛克的用法中，人格同"自我"和"心灵"是基本同义的，人格的同一性主要是指心灵的同一性。从洛克的定义可以看出，他认为人的心灵是同一的。实际上，不论是哲学家

124

还是普通人，都普遍承认人的心灵具有同一性，因为对于人的精神生活和意识活动，心灵的同一性是必不可少的条件。如果没有这种同一性，就无法理解一个人的思想活动的连贯性和一致性，甚至无法理解一个简单的思想是如何形成的。在人的实践活动中，如果没有这种同一性，就无法理解人的行为的目的、手段和后果之间的联系，也无法对人的行为作出恰当判断。比方说，一个人出于获取他人财物的动机而偷了别人的东西，假如这个人的心灵没有同一性，那么，我们就不能将具有那个动机的人和偷东西的人看成同一个人，也不能将他的动机和行为联系起来，因此，也不能对他的行为作出道德判断并确定其道德责任。正因为心灵的同一性有如此重要的意义，所以人们普遍相信心灵的同一性也就不奇怪了。

哲学家们提出了关于心灵同一性的各种证明，其中比较常见的思路有两个：一个是将心灵的同一性建立在思维的物质器官的统一性的基础上，比方说，将心灵的同一性理解为中枢神经系统的统一性，一个人的中枢神经系统是客观存在的，它可以保证这个人在不同时间的思想都是属于这个人的；另一个思路是将心灵的同一性建立在自我意识的基础上，如果人的自我意识能建立思想的连贯性，那么心灵就是同一的。洛克采纳的是后一个思路。他认为，当心灵把自己认作是同一的时候，依靠的完全是自我意识，是对它自己的感觉、知觉和思维的反省。当这种意识是追溯过去，就必须依靠记忆，记忆能追溯多远，意识就达到多远。这样，意识就有了跨时间的同一性，正是这种同一性决定和造成了跨时间的心灵的同一性。

休谟同洛克一样，也认为心灵的同一性依赖于自我意识，不过，他比洛克作了更深入细致的心理分析。洛克的观点可以归结为这样一句话：只要心灵能意识到现在的和过去的各种精神活动，它就是同一的，而且那些活动就是属于它的。而在休谟看来，仅仅指出这一点是远远不够的，重要的是应当说明意识将本性上互不相同的知觉联系成一个同一的心灵的心理活动和过程。他认为这个心理活动和过程也就是人们之所以相信心灵具有同一性的根据。

那么，这个心理活动和过程的本质是什么呢？休谟认为是联想。同说明物体继续存在的信念一样，他试图用联想来说明心灵同一性的信念。而这里主要起作用的联想是类似联想和因果联想。

类似联想的作用过程是这样的：接续出现的各个知觉虽然本质上并不相同，但各个知觉与其相邻知觉都是类似的，整个知觉呈现为类似知觉互相接续的系列。对于这样一个知觉系列，由于各个相邻知觉的类似关系，使想象"很容易"

从一个知觉转移到另一个知觉，使整个知觉系列"显得"像是同一个对象一样。这就好像一艘船，虽然我们可以更换这艘船上的一块甲板，使它发生变化，但由于这个变化并不显著，很容易被观察所忽略，我们就会认为更换甲板后的这艘船仍然是原来那艘船。即使这艘船不断更换甲板，最终发生了很大变化，但由于这个变化是逐渐的、连续的，也不会引起大的注意，我们仍然会因为它与原来那艘船的相似而认为它们是同一条船。

因果联想的作用过程是这样的：根据因果联想的形成原理，对于经常接续出现的知觉，我们很容易从一个知觉的出现联想到与它常相伴随的另一个知觉的出现，以至于将它们看成一个由因果链条联系起来的不可分割的整体，由此形成了心灵的同一性概念。对此，休谟在《人性论》中有一段生动的描述，虽不甚严格，但无碍于了解其意，现抄录如下："至于因果关系，我们可以说，要想对人类心灵有一个正确的观念就应把它看作不同知觉或不同存在的一个体系，这些知觉是被因果关系联系起来、互相产生、互相消灭、互相影响、互相改变的。我们的印象产生它们相应的观念，而这些观念又产生其他印象。一个思想赶走另一个思想，跟着引进第三个思想，然后又被第三个思想逐走了。在这一方面，我如果将灵魂比作一个共和国，那是最恰当的；在这个共和国中，各个成员被统治与服从的相互关系结合起来，随后又生出其他的人们，后人继承着前人，不断更替地继续这同一个共和国。这同一个单独的共和国不但改变其成员，而且改变其法律和制度；同样，同一个人格也可以改变其性格和性情，以及其印象和观念，而不致失去其同一性。不论他经历什么样的变化，他的各个部分仍然被因果关系联系着。"

不论是类似联想还是因果联想，都离不开记忆对以往知觉的回忆和追溯，只有记忆才能再次呈现各知觉曾有过的接续，并使联想成为可能。因此，休谟认为记忆是心灵同一性概念的来源之一。于是，休谟的理论又可以归入西方哲学中用记忆来说明心灵同一性的观点之列。

休谟通过上述指出，所谓的心灵的同一性只不过是人的联想活动"虚构"出来的。这样一来，我们对心灵同一性的信念，进而对心灵实体存在的信念，还有什么客观实在的根据呢？没有了。我们只能在心理上满足于这些信念，并用来理解和指导我们的行动，但绝不能认为它们是真实可靠的。这就是休谟关于心灵存在的信念所得出的结论，这同样是一个怀疑主义的结论。

休谟的信念理论还告诉了我们什么

前面对休谟的信念理论的细致梳理对于理解他的怀疑主

义观点是必要的，但它毕竟只是休谟的一个具体理论，它对后来哲学有何启发意义呢？

应当说，休谟的信念理论对后来哲学的影响已经超出了它本身具体内容的局限。比方说，它第一次将信念问题提高到认识论基础研究的地位，而非把它当作可有可无的部分，引起了后来哲学对信念问题的关注。不过，休谟的信念理论的最重要影响是它以独特的方式处理了物质和精神的存在及其相互关系的哲学基本问题。

是否有物质存在？是否有精神存在？两者的关系是怎样的？是物质决定精神，还是精神决定物质，或者两者互不相关，如笛卡儿所说的那样，是两个独立的实体？对于任何哲学研究，这些问题都是不可回避的，它们决定着哲学的基本倾向。根据对物质和精神何者是世界的本原，形成了唯物主义观点与唯心主义观点的区分，而认为两者互不相关的，则形成了所谓的二元论。

对于上述问题，休谟给出了与众不同的另一种回答。他认为，我们的知识只限于经验，可是经验没有告诉我们关于物质和精神存在的任何知识，因此我们对此一无所知。如前面所说，这个回答是怀疑主义的，是一种被称作不可知论的怀疑主义。根据休谟的这个回答，许多哲学家认为休谟对涉及物质和精神存在的形而上学问题是避而不谈的，因此说他的理论倾向是"拒斥形而上学"。可是，当我们了解了休谟的信念理论，却不能不认为，休谟在这个形而上学问题上并不是无所作为的，他试图对人的形而上学信念，比方说对物质实体和心灵实体存在的信念，提供一种适合人类心理活动和思想结构的说明。不过，这个说明不是通常哲学家们所致力于的思辨性说明，而是描述性说明，即描述这些信念是如何形成并适用于人类的概念系统的。正是在这个意义上，英国当代著名哲学家斯特劳森并不认为休谟拒斥形而上学，而是将他归入"描述的形而上学家"之列。

　　而且，休谟的信念理论的意义还不仅如此。我们看到，他在说明人类的自然信念时，用大量篇幅描述人是如何用联想"虚构"出物体的，又如何用联想"虚构"出心灵的同一性的。在这些描述中，如果我们排除"虚构"的概念，只考虑休谟所采用的方法，就可以引出这样一个思想，即不论是物质的现象还是精神的现象，都可以看作经验元素的某种组合，它们的区别不是建立在物质和精神对立的意义上的，而是取决于经验元素的不同联结关系。休谟的这一思想是很巧妙的，它"似乎"为取消物质和精神的对立，回避何者为世界本原的哲学基本问题提供了一种新的选择。我们在"似乎"二字上打上引号，是因为在我们看来，要在哲学中回避和取消物质和精神何者是世界本原的哲学基本问题，实际

130

上是做不到的。事实证明，不论何种哲学理论，总要以这样或那样的方式对这一哲学基本问题给出回答，即使休谟也不例外。比方说，如我们前面所指出，他只是为了说明信念的形成原理才谈论我们是如何"虚构"出物体的，他在本意并不否认我们的原始经验是由外界东西作用于我们的感官产生的，只不过我们对这个东西一无所知罢了。不过，从哲学思想的演进来说，这并不妨碍哲学家们从休谟的观点中获取他们认为有价值的东西，并对它加以发展，提出对物质和精神关系的不同理解。

实证主义者马赫将人的感觉称作"世界要素"，认为不论是物理现象还是心理现象都是由这种世界要素构成的。比如，当一种颜色的要素与光源的要素相依存，就构成了物理现象；当这同一种颜色要素与视网膜的要素相依存，就构成了心理现象。根据这种理解，所谓的物体就是表现为物理现象的要素比较持久地复合在一起，所谓自我（心灵）就是表现为心理现象的要素比较持久地复合在一起，并由记忆延续下去。因此，传统上所谓的物质与精神的区分就被取消了，因为它们无非是同一种世界要素的不同组合关系而已。

在这方面，美国实用主义的理论领袖威廉·詹姆斯也是休谟的追随者。他认为，休谟的意图非常明显，那就是既不把经验元素归于物质实体或精神实体，为它们所固有，也不把它归于绝对精神，成为它的创造物。他发挥了休谟的思想，认为世界上最根本的东西是"纯粹经验"，而所谓的物体和心灵只不过是纯粹经验按照不同组合而形成的不同结构，就如同一种颜料既可以与其他颜料一起摆在柜台上成为商品，也可以涂在画布上成为艺术品一样。根据这种理解，同样的一组经验，在一种连接结构中可以扮演认识者、精神状态和"意识"的角色，在另一种结构中可以扮演被认知者和物体的角色。

既然经验元素既非物质的亦非精神的东西，那么，也可以说它们是在两者之间"中立的"。这个观点是对休谟的思想的发展。维也纳学派的创立者石里克是最早意识到经验元素的这种中立性的人之一。他认为，原始经验是绝对中立的东西，它不属于任何"所有者"。正因为如此，即使没有所谓的"心灵"，我们的经验世界也可以存在，也是有意义的。在他看来，这样一种观点的好处是，它避免了唯我论者由于将一切意识都归于"心灵"而陷入的"自我中心困境"。

这个关于经验中立的观点被一批美国新实在论者发展成所谓的"中立一元论"，并得到英国大哲学家罗素的响应。他们都以不同的方式表达了同样的思想，即构成世界的感觉材料既不是心理的也不是物理的，而是"中立的"。如果认为世界一定是由"实体"构成的话，那么这些感觉材料就是"中立的实体"。他们认为，这样一种表达方式使经验摆脱了通常所说的主观关系与客观关系的羁绊，获得了真正的彻底性。他们还承认，"中立一元论"是从休谟的观点发展来的。美国的新实在论者培里说，休谟将观念既看成构成心灵的知觉，又看成独立于心灵的物体，他把精神和物质都归于经验元素，他的这种做法使他称得上是新实在论的"创立者"。

另一位受休谟影响的哲学家是现象学运动的创始人胡塞尔。胡塞尔认为，哲学要成为严格的科学，就应当将一切关于世界存在的知识搁置起来，既不相信也不否认，或用他的话说，就是将它们放在括号里存而不论。他称这种方法为"现象学还原"。经过现象学还原之后剩下的东西就是"纯意识"。他认为，只有将我们的哲学讨论限制在"纯意识"的范围内，才能达到事物的本质，使哲学成为严格的科学。任何意识活动都有其对象，在纯意识的范围内，这个对象只能是意识，那么，意识活动的对象是怎样形成的呢？这是胡塞尔需要解决的重要问题之一。胡塞尔从休谟用联想来"虚构"物体对象的方法中得到启发。他认为，意识具有在自身中"构成"某种对象的功能。比方说，意识活动可以构成一幢"房屋"，这幢"房屋"不一定在客观世界中实际存在，但它可以作为意识活动作用于其上的意向性对象。而且，这个对象具有我们可以想象的一切变化和多样性，要将对象的变化和多样性综合起来，形成一个完整的统一体，也需要借助联想。以那幢"房屋"为例，在意识活动中，这幢"房屋"的各个侧面并非同时呈现出来，比方说，它的背面和内面没有呈现出来。这时，我们可以通过联想来获得对它的背面和内面的意识，形成这幢"房屋"的完整形象或"象界"。如果我们回想一下休谟的有关论述，不是与胡塞尔的观点十分相似吗？正因为如此，胡塞尔给休谟以很高的评价，认为他在很多方面都预见到了现象学的方法和原则。

第 5 章

情感、道德与社会

与形而上学和认识论等理论哲学不同，道德哲学属于实践哲学的范围，因为它与人的道德行为相关。休谟非常重视伦理道德及其相关的社会问题，这是他的人性哲学所要求的。《人性论》的第三卷就是专门讨论道德哲学的，该卷的改写本《道德原理研究》则在前者的基础上，更全面系统地阐述了他的道德哲学思想。根据休谟自己的评价，《道德原理研究》是他的全部著作中写得最好的一部。

休谟重视道德问题也与当时的社会状况有关。任何一个社会的存在和稳定不但需要制度建构方面的保证，也需要道德规范方面的支撑。在英国资产阶级革命前后，道德问题凸显了出来，为了适应社会变革的需要，反映社会不同阶层的道德要求，构建与新社会制度相一致的道德思想和道德规范，成为哲学家们争相讨论的话题。其中霍布斯以自私为核心的利己主义道德观可以看作这一讨论的开端。霍布斯认为人的本性是自私的，凡是能满足自己欲望的行为就是善的、符合道德的，凡是自己所厌恶的行为就是恶的、不道德的。人与人之间为利益所驱使，互相争斗，就像狼与狼一样。霍布斯的思想招致大多数道德哲学家的反对，并引起了关于道德善恶观念起源的长期争论。不过，他从人性入手研究道德问题，引导了这一时期道德哲学发展的方向。休谟将道德作为人性哲学的一个主题，也是与这个研究方向一致的。

休谟是一位追求理论系统性和一致性的哲学家，他认为道德哲学同理论哲学一样，都是建立在观察和经验的基础上的，属于经验科学的范围。他根据经验主义的基本原则，对理性主义的道德观进行了批判；他继承和发展了以沙夫茨伯里和哈奇森为代表的情感主义伦理学，把情感当作道德活动中的决定性因素；同在理论哲学中的做法一样，他注重对道德活动的心理分析和描述，特别强调了想象和联想对于道德判断的重要作用；他还从情感主义的内在根据出发，将它引导到快乐主义和利他的功利主义的方向上。在此过程中，休谟提出了一系列精辟的观点，使他成为西方伦理学史上具有重要影响的人物。

"道德的区分不是来自理性"

道德行为有善恶之分，我们凭什么说一个行为是善的，一个行为是恶的？区别它们的标准是什么？这个问题是道德哲学中的一个基本问题，也被称作道德的来源问题。正因为这个问题是基本的，所以它对道德哲学的其他方面，比如道德规范的性质问题、道德判断的根据问题等，都有基础的、决定性的意义。

在 17、18 世纪的道德哲学家中，对这个问题的争论十分激烈，并提出了两种基本对立的观点。一种观点认为，道德区分的根据是理性，凡是与理性相符合的行为和品格就是善的，凡是违背理性的行为和品格就是恶的；另一种观点认为，道德的区分取决于人内在固有的"道德感"，一个行为或品格的善或恶由它给观察者带来快乐还是痛苦的情感来决定。前一种观点我们可以称作理性主义的观点，后一种观点我们可以称作情感主义的观点。而一般认为，情感是感性的东西，是以感觉经验为基础的，所以，两种观点的对立实际上就是理性和经验的对立，也可以说是当时西方哲学中理性主义与经验主义的对立在道德哲学领域中的反映。

如前面所说，休谟对当时理性主义和经验主义的对立是再熟悉不过了，因为他是两派哲学斗争中的最后一个代表人物，他的哲学正是在深入研究两派哲学观点的基础上发展起来的。这不仅在理论哲学方面是如此，在道德哲学上也不例外。因此，他对两派道德哲学观点的对立及性质有十分清楚的认识。他说："近来出现了一种关于道德的基本根据的争论……这个争论涉及：这些道德是从理性中引申出来的，还是从情感中引申出来的；我们是通过一连串论证和归纳获得有关这些道德的知识，还是通过直接的感觉和精致的内部感官获得的；它们是否像一切关于真理和谬误的恰当判断那样，对于一切有理智的人都是同样的；或者，它们是否像美和丑的知觉那样，完全是建立在人类的特殊构造和结构之上的。"在当时的哲学家中，没有人能像休谟这样将两种道德观的区别和对立勾勒得如此简明扼要了。

休谟是彻底的经验主义者，在道德哲学上，他理所当然地站在经验主义一边，他是在批判理性主义道德观的基础上阐发他的道德学说的。休谟的道德学说是怎样的，我们暂且放在后面来说，我们先看一看他是怎样批判理性主义道德观的。

虽然理性主义在道德哲学上的表现与在理论哲学上有所不同，但它的基本原则和方法是一致的。在理论哲学中，理性主义者将一切知识都看成理性活动的结果，主张以逻辑和数学知识为样板，将一切哲学原理和证明都建立在理性的自明原则的基础上，然后根据这些原则进行严格推理，最后得出确实可靠的"真"知识。与此相似，在道德哲学中，理性主义者将道德看成对理性的符合，也主张从一些永恒不变的确定原则出发，然后通过严格的推理，最终得出道德上的结论。理性主义者的这个思想还是很有影响的，甚至连洛克也认为道德哲学应当属于演绎推理的范围。为了说明休谟是如何批判理性主义道德观的，我们具体介绍一下克拉克的观点，因为休谟的许多批判正是针对克拉克的。

塞缪尔·克拉克是英国道德哲学家，生于 1675 年，死于 1729 年，正是休谟初步形成他的哲学思想"新天地"的那一年。克拉克认为道德哲学同数学一样，是理性思辨的题目。他是英国道德哲学家中最自觉运用数学和逻辑方法进行推理的人，伏尔泰称他为"名副其实的思维机器"。

克拉克的道德哲学是从这样一种观点出发的：事物之间存在着各种不同的关系，有的关系是与事物的本性相符合的，因此是"适宜的"，有的关系与事物的本性不符合，因此是"不适宜的"。事物的这些关系，不论适宜与否，都是必然的、永恒不变的。道德哲学中正是把这些永恒不变的必然关系作为判断一个人的行为是否符合道德的根本依据和唯一标准。如果一个人的行为与事物的关系是"适宜的"，这

139

个行为就是符合道德的；如果一个人的行为与事物的关系是"不适宜的"，这个行为就是不道德。善和恶的区分也由此确定下来。事物的关系是"适宜的"还是"不适宜的"，只能通过理性来发现。理性的方法就是在直觉的基础上进行演绎，其性质与数学方法一样。一个行为是否"适宜"与不同几何图形的性质是否一致，"二加二是否等于四"一样具有直觉的确实性，从确实的直觉原理出发就可以推出一切道德真理。比如，道德上有一条真理："上帝和人在道德上是普遍向善的"。克拉克是这样证明这条真理的：首先，根据我们的直觉，上帝比人无限优越，所以人应当尊崇和服从上帝。同样我们也可以直觉到，上帝作为造物主一定会使他所创造的万物符合永恒的目的，而不会任其听凭命运的摆布。由此可以推出，上帝为万物做普遍的善事，尤其让好人得福，必然要比让万物遭受苦难更"适宜"，因此"上帝普遍向善"是道德真理。同样，一个人努力促进他人的善和幸福，必然要比破坏他人的善和幸福更"适宜"，所以，"人类普遍向善"也是道德真理。

休谟反对这种理性主义的道德观。他认为这种观点的主要错误就在于没有弄清理性的特点，将它用在了它所不适用的道德领域。他从以下几个方面阐述了它的观点：

第一，从理性的思辨性看，它不适用于道德领域。道德哲学属于实践科学而不是思辨科学。道德与实践有关，是因为它与人的情感和行为有联系：一方面，一切道德观念都是由某种情感引起的，都是依据情感的变化而转移的，没有某种情感，也就没有相应的道德观念；另一方面，任何道德观念或道德准则都可以引起爱或憎的情感，并通过这种情感使人从事或拒绝某种行为。而理性却不具有情感的这些作用。当我们运用理性的时候，它总是冷静的、刻板的、有条不紊的，它既不由情感引起，也不具有引起某种行为的感性色彩。在这个意义上，理性的思辨是充满"惰性"的，它不能直接对人的情感和行为发生作用，也不能用来说明任何道德问题。因此，一切道德准则都不可能从理性中引出。

第二，从推理方法的作用看，理性推理只能用于发现知识的真假，不能用于确定道德情感和倾向。这里的理性推理是广义的，不但指逻辑和数学的演绎推理，也指用于发现事实真理的或然推理。前者发现知识真假的方式是要看这项知识是否符合逻辑和数学的关系，后者发现知识真假的方式是要看这项知识是否符合实际存在的事实。符合的是真的，不符合的是假的，任何知识都可以通过这种方式确定其真假。可是，在处理道德问题时理性推理的方法就不适用了。因为很明显，道德中的情感、意志和行为等都不存在上述符合不符合的关系，因为它们本身就是原始的、自足的，并不需要与其他情感、意志和行为进行比较来确定其符合与不符合，它们完全不属于真假的范畴。总之，任何道德概念都不是来自对关系的推理，也不是来自对事实的推理。

　　首先，理性主义者推崇逻辑和数学推理的精确性，因此倾向于把道德也当作可以进行推理的抽象关系，认为单凭理性和思辨就可以确定这种关系，就像用精确的演算来确定数学和几何的命题那样。休谟反驳说，首先，抽象科学中的"关系"概念可以用于无生命的、没有道德含义的对象，而道德不属于这些对象，因为道德的关系不是抽象的关系。比如，当我们处理一个数学命题"二加三等于五"，我们对它完全能确切理解，因为我们可以通过比较知道，"二加三"所含的单位与"五"所含的单位同样多，从而确定了这个数学命题的真实性。可是在道德判断上，关系并不能起这样的作用。以"忘恩负义"为例，这里有两个情节，A 先帮助了 B，然后 B 虐待了 A，这两个情节处于"对立关系"。再来看"以德报怨"的例子，A 先虐待了 B，而 B 不计前嫌帮助了 A，这两个情节也处于"对立关系"中。可是，在前一个例子，我们在道德上谴责 B，在后一个例子，我们称赞 B。也就是说，我们从同样是"对立关系"的两个事例可以得出不同的道德判断，那么，我们怎么能说道德是由"关系"决定的呢？

其次，就道德准则对行为的约束力而言，也不能从抽象的关系中推导出来。理性主义者根据事物的"适宜性"和"不适宜性"，不考虑任何特定的条件和其他可能性，就先验地认为，人们应当按照由理性确定的准则去行事。这里，理性主义者把道德准则同意志依照道德准则去指导行动两者混淆了。即使一项道德准则已经确立，我们也不能确定意志"必然地"依照道德准则行事，一个人按照这项道德准则行事和不按照这项道德准则行事，都是可能的和可以理解的。而且，理性主义者所说的准则和意志的关系是因果关系，即某种道德准则必然引起从事某种活动的意志。可是，认识论的证据表明，因果关系无非是由于现象恒常会合而形成的一种习惯，它并不是先验推断出来的。因此，理性主义者关于道德准则必然决定人的道德行为的论断是没有根据的。此外，按照理性主义者的逻辑，指导行动的道德准则是根据对对象的道德关系的比较确定下来的，而道德关系又是通过对行动和准则的比较确定下来的，这里陷入了无效的循环论证。

在或然推理方面，我们也找不到道德的根据。或然推理是关于事实的，当我们从道德的角度考察各方面的事实，只发现出一些情感、动机、意志和思想，并没看到所谓善和恶那种东西。比方说，在一个谋杀事件中，我们可以确定这一事件发生的时间、地点、情节和杀人者的动机、心情等事实，但是，这些事实中没有一件告诉我们这个杀人事件的道德性质，从这些事实推不出杀人者的行为是不是正当的、他是否应当受到谴责的道德结论。这说明，道德的准则、规范和判断与事实的描述和或然推断不同，它们不是关于"是"或"不是"的事实判断，而是关于"应该"或"不应该"的价值判断，从前者不能推出后者。这就是伦理学上著名的"休谟法则"。

这项法则的发现源于休谟对以往道德推理所进行的观察和思考。在历来的道德理论中，人们总是运用各种方法对有关的事实进行推理，然后得出道德结论，从来没有想过这个推理是否合法，它的前提是否真正蕴含它的结论。可是，休谟发现，这些推理的前提是各种事实命题，而推出的结论却是道德命题，也就是说，在推理过程中，命题的性质被改变了，而且这种改变是不知不觉的，所以没有被人们注意到。休谟指出，对于任何恰当的推理，前提与结论之间必须保持严格的蕴含关系，而不同性质的命题显然不具有这种蕴含关系，因此，从事实命题推出道德命题的推理是不合法的。休谟的原话是这样说的，他说他在考察各种道德理论时，"突然大吃一惊地发现，我所遇到的不再是命题中通常的'是'与'不是'等连接词，而是没有一个命题不是用'应该'或

'不应该'联系起来的。这个变化虽然是不知不觉的，但却是极其重大的。这个'应该'或'不应该'表示了某种新的关系或断定，因此需要加以论述和说明"。休谟的意思是说，用"是"和"不是"连接的命题描述的是某个事实，用"应该"和"不应该"连接的命题描述的是某种道德要求或判定，由前者不能直接推出后者。如果你要从"是"判断推出"应该"判断，就应该提供必要的证明。而休谟认为，在理性推理的范围内是提供不出这样的证明的。

第三，从理性推理的形式看，它与道德判断形成的方式不同。理性推理是从已知的前提推出原来未知的结论，总是以达到对某一未知关系或事实的"新"判断为结果，不论推理的前提是所谓自明的命题还是经验的事实，都是如此。以数学推理为例，我们从三角形已知的构成关系出发，推出原来所不知的三角形三个内角之和等于两个直角的结论。而道德活动中的情况就不是这样，我们要作出一个道德判断，必须事先知道一切有关的对象和他们的一切相互关系，而且在作出的道德判断中不涉及任何"新的"事实或关系。道德判断的形成完全在于对全部既定事实的"能动的感受"，它使我们对某一行为产生赞成或谴责的情感，并因而称这个行为是善的或是恶的。在作出判断的过程中，如果发现事实还不完全，就必须中止判断。只有当有关事实被收集齐全，我们才能根据对全部事实的感受作出恰当的判断。比如，A 杀死了 B，单从这一事实还不能对 A 的行为作出道德判断，我们还必须知道其他一切有关的事实，比方说，B 是不是入侵者，A 是不是出于自卫，等等。当所有这些事实都弄清了，道德判断才有可能。

第四，理性推理不能说明道德行为的最终目的。任何道德行为都有其要达到的目的，从任何直接的目的都可以追溯出其最终的目的，而理性推理无论如何不能说明人类行为的最终目的是什么。比如，当我们问一个人为什么进行锻炼，他会说，因为他想保持健康；如果再问他为什么希望健康，他会说，因为患病是痛苦的；如果再问他为什么讨厌痛苦，他将无法回答，因为这是他的最终目的，这个目的是不能用理性推理来说明的。又如，当你问他为什么希望健康，他可能说是从事职业的需要；如果你再问他为什么希望从事那个职业，他会说，因为想赚到钱；如果你再问，为什么要赚钱，他会说，因为钱是获得快乐的手段；如果你接着再问下去，他将无法回答，因为快乐是他的最终目的，这个目的也是不能用理性推理来说明的。

以上就是休谟对理性主义道德观的主要批判，他力图说明道德不是理性的对象而是情感的对象，理性完全不适用于说明道德的根源，也不能用于规范道德行为。不过，尽管休谎言之凿凿，却不能完全消除人们对理性的信任，人毕竟因为具有理性才与低等的动物区分开来，如果理性对人的道德生活完全不起作用，那么人与牲畜何异？实际上，休谟对理性主义观点的批判是从基本原则的高度针对那些极端的理性主义者而言的，他的目的是提醒人们注意，道德活动主要与人的情感有关，理性不能解决根本的道德问题。正因为如此，休谟在强调道德不依赖于理性的同时，也指出了理性对于道德的"辅助作用"。这种辅助作用主要表现在理性可以为道德判断提供准确丰富的事实材料方面。因为任何道德判断都必须以事实为基础，尤其在比较复杂的社会道德如正义等方面。由于社会的复杂性，人们利益要求的差异性和行为后果的多样性，如果事实材料不充分或不准确，会极大影响道德判断的恰当性。休谟认为，在这种情况下，我们应当暂时停止道德判断，首先运用我们的理性，通过辨析、比较、推理等方法，确定和弄清基本的事实，为道德判断作好准备。比如，在上述 A 杀死 B 的例子中，弄清这一事件的全部事实，对道德判断的恰当性是至关重要的。此外，由于理性是冷静和沉稳的，情感往往是易于冲动的，因此理性在某种情况下可以对情感的冲动起到一定的指导作用。但不论怎样，与情感相比，理性的作用总是辅助的、次要的。对于理性与情感在道德活动中的关系，休谟有一句名言，他说：

"理性是而且也应该是情感的奴隶，除了服务和服从于情感之外，再也不能有任何其他的职能。"根据这个基本观点，人们常常将休谟看成非理性主义的倡导者。

在以上对理性主义的批判中，休谟抬高情感、贬低理性，完全是从他的经验主义立场出发的，因此毫不奇怪，他对理性的批判明显带有经验主义的偏见。比方说，人所共知，当我们对某一行为作道德判断时，往往要运用理性对这个行为的动机、性质、后果等进行辨析和推理，如果经证明这个行为是合理的，就会表示赞成，如果它是不合理的，就会表示谴责。在这里，符合道德的行为与"合理的行为"基本是一致的。在很多情况下，理性本身就可以判定一个行为是道德的还是不道德的，并不需要像休谟所说的那样一定取决于情感的判断。不过，无论休谟的观点有多少可以因其偏颇而被忽略，但他有一个观点却是不能被忘记的，而且它已经成为西方伦理学史上具有经典意义的一笔，也是时至今日人们仍然争论不休的论题，那就是休谟关于"是"和"应该"两类陈述区分的论断。

休谟关于"是"和"应该"的区分是在讨论道德问题时说的，后来的哲学家们将这个区分扩大到道德问题之外，普遍用于各种与价值相关的领域，认为在一切价值问题上都存在事实判断与价值判断的区分。"价值"一词来自拉丁文，原来它主要用于经济学，指商品的使用价值、交换价值等。在哲学的意义上，它指事物能够满足人的目的、欲求、需要、兴趣，对人有积极意义的东西。美国的新实在论者培里将价值应用的领域归结为八个，即道德、艺术、科学、宗教、经济学、法律、习惯、礼仪。在哲学中，价值问题主要是伦理学或道德哲学研究的题目，在那里，"价值"与"善"往往有同等的含义。价值可以分为不同类型，根据其实际作用，可以分为内在价值、外在价值、工具价值等。在逻辑上也讲命题涵项的"值"。关于价值的哲学研究被称作价值论，它一般包括对于价值的性质、意义、分类、评价标准等方面的研究。而其中一切关于事实判断与价值判断关系的研究都可以追溯到关于"是"和"应该"两种判断的"休谟法则"上。

休谟的"法则"是对事实陈述和价值陈述的划界。如我们前面所说，它的逻辑根据是：对于任何命题，如果前提中不包含与结论相关的内容，从前提推出结论的必然推理是不合法的。休谟的"法则"引起人们对道德判断的对象和性质问题的关注，并得到以逻辑实证主义为代表的形式主义哲学的拥护。我们可以参考一下卡尔纳普和艾耶尔的论述。卡尔纳普认为，规范的价值陈述既不属于数学和逻辑的形式陈述，也不属于以用经验来证实的事实陈述，它们只是对情感的表达。逻辑实证主义认为一个陈述是否有意义，取决于它是否能用经验来证实，能用经验证实的陈述是有意义的，不能用经验证实的陈述是没有意义的。逻辑实证主义的这个意义标准同休谟所说的意义标准在原则上是一致的。根据这个标准，当一位道德学家对一个道德陈述作判断时，他必定面临如下非此即彼的选择：如果这个陈述能够用经验证实，那么，这个陈述就是经验陈述而不是价值陈述；如果这个陈述不能用经验证实，那么它就是无意义的假陈述。于是，在卡尔纳普看来，不论取哪种选择，经验陈述和价值陈述都是毫无关系的。艾耶尔也认为，不能将伦理价值陈述归结为经验事实陈述，因为它不能涵括在真假范畴之下。比如"你偷钱"是一个事实陈述，它描述了一个人未经允许、不为人知地将他人的钱取为己有这个事实。"你偷钱是错误的"是一个价值陈述，它表达了对这个行为的不赞成的态度或情感。在这两个陈述中，后者没有在事实上对前者有任何增减，它是没有事实意义的句子，既不表达真命题，也不表达假命题。

当然，也有许多哲学家认为道德判断并非完全与事实判断无关。他们或者不同意休谟的观点，或者试图对休谟的"法则"作出修正。甚至也有人试图证明从"是"可以推出"应该"，即从事实命题可以推出道德命题。比如，有人提出了一个由事实命题和道德命题混合而成的选择性命题：
"他要么是一个白痴，要么是一个恶棍。"在这个命题中，
"他是一个白痴"是事实命题，因为它描述了一个人的智力
情况；"它是一个恶棍"是道德命题，因为它表达了对一个
人的"恶行"的判定。由这两个命题组成的选择性命题"他
要么是一个白痴，要么是一个恶棍"，根据我们的选择，它
既可以是事实命题，也可以是道德命题。对于这个选择性
命题而言，如果我们有了"他不是白痴"的事实命题（即
与"他是一个白痴"相反的命题），就可以推出"他是一个
恶棍"的道德命题；反过来，如果我们选择了"他是一个恶
棍"的道德命题，也可以推出"他不是一个白痴"的事实命
题。也有人对这个证明提出反驳，认为将事实命题和道德命
题构成的混合命题作为推理的前提是不恰当的。还有人认
为，由于道德判定问题的复杂性，必须对具体的情况做具体
分析，不能把休谟的"法则"当作普遍适用的原理来使用，
因为那样很容易造成判断的偏差。

道德感是一切道德活动的源泉

在休谟对理性主义与情感主义两种道德观点的区分中，
休谟本人是站在情感主义一边的。他认为，道德在本性上是

151

一种感性活动，是与人的情感联系在一起的。当某一对象出现使我们产生了喜爱的情感，它就是善的；当某一对象出现使我们产生了厌恶的情感，它就是恶的。这种专门适用于道德事物的特殊情感就是所谓的"道德感"，它同人的五官感觉一样，是人的本性固有的，是由心灵的原始结构造成的。

休谟的这个观点不是他的首创，而是继承了另两位英国道德哲学家沙夫茨伯利和哈奇森的思想，直接来源于他们的"道德感"理论。

沙夫茨伯利是洛克的学生，其祖父是英国著名的自由党领袖沙夫茨伯利一世。沙夫茨伯利是第一个提出"道德感"概念的人。他认为，人和动物都具有对外界事物的感觉能力，但人和动物不同的是，人还能通过反省将人的各种行为和情感纳入心中，把它们当成感受的对象，由此产生了具有道德内容的特殊感觉，即道德感觉。道德感是人天生就有的一种感觉能力，虽然它的对象与视、听等外部感觉的对象不同，但作为感觉能力，它们都是人心中固有的，并没有根本的区别。视觉可以分辨物体的形状、运动、颜色等方面的差别，道德感可以分辨不同行为和情感的差别。当人们观察到社会生活中的各种志向、情趣、品性和行为举止时，由于这种道德感的作用，人心就可以感受和辨别出它们对人类是有益的还是有害的，从而喜欢和赞成正直的、有道德的东西，厌恶和反对邪恶的、不道德的东西。而且，虽然道德感是先天就有的，但它也可以因为受到不良的影响而变得邪恶，在此情况下，由邪恶道德感引起的行为就是不道德的。反之，如果一个人的道德感是好的，但由于对事实缺乏充分的了解和准确的判断在行为上出现失误，比如一个孝顺的儿子误杀了自己的父亲，我们只能认为他事实上犯了错误，但不能认为他的行为动机是不道德的。总之，对于任何道德判断，道德感是决定一切的基础。不过，沙夫茨伯利对道德感的论述很不详细，也缺乏系统性。真正使道德感理论具有系统的理论形态，并实际成为西方伦理学史上一派之言的是哈奇森。

哈奇森认为，人的感觉有内部和外部之分。外部感觉是指通过耳、眼、鼻、舌、身等感官获得的感觉，它们直接给心灵传达自然万物的信息。内部感觉是指人心对外部感觉的感觉（洛克称之为反省），它以外部感觉的出现或在想象中的再现为条件。只是在这个意义上，内部感觉可以说是派生的，但就它同样是感觉而言，内部感觉同外部感觉一样，都是原始的，都是由人类的内在结构本身所决定的。哈奇森将内部感觉分为多种，其中包括美感和道德感。借助美感，人可以分辨美和丑；借助道德感，人可以区分善和恶。在道德方面，我们必定会对不同的行为有不同的感觉。凡是出自爱心、人道、善意和同情的行为，不论它发生在何时何地，都会使我们从内心感到愉快。与此相反，凡是出自怨恨、幸灾乐祸、以怨报德的行为，都会引起我们厌恶和反感。因此，道德感可以成为判断行为的善或恶、正当或不正当，决定我们行为选择的标准。

休谟重视人的感性经验，对建立在感性基础上的道德感理论极为赞赏，尤其深受哈奇森学说的影响。这一方面是因为哈奇森最系统地阐明了道德感理论；另一方面也因为哈奇森是苏格兰哲学家（虽然出生在北爱尔兰，但主要哲学活动是在苏格兰），同休谟有过密切交往。在《人类理智研究》中，休谟明确表达了他从哈奇森那里得到的教益。他说："我们辨别真理和谬误的能力和我们知觉善和恶的能力长期被人们混淆了。而且，一切道德都被认为建立在永恒不变的关系上，这些关系对于每一个理智的心灵来说，都像关于数或量的任何命题那样是同样不变的。可是，一位已故的哲学家用最可信的论证教导我们，道德不在事物的抽象性质中，而是完全与每一特定存在的情感或内心情趣相关；其方式与甜和苦、热和冷的区分由各个感官的特定感觉产生出来一样。因此，道德知觉不应归类于理智的活动，而应归类于趣味或情感。"这里所说的已故哲学家就是指哈奇森。

休谟接受了哈奇森关于"道德感"的思想，他在批判理性主义道德观点的同时明确指出，最终成为道德的根源，并

154

为道德判断提供标准的是人内在固有的"道德感"。他说："当你断言任何行为或品性是恶的时候，你的意思只是说，由于你的天性的结构，你在思维那种行为或品性的时候就产生一种责备的感受或情感。因此，恶和德可以比作声音、颜色、冷和热，依照近代哲学来说，这些都不是对象的性质，而是心中的知觉……对我们最为真实，而又使我们最为关心的，就是我们的快乐和不快乐的情感；这些情感如果是赞成德的，而不是赞成恶的，那么在指导我们的行为和行动方面来说，就不再需要其他条件了。"也可以说，"我们自己的感觉决定了任何品性的恶和德"。

休谟接受了道德感理论，并对之加以丰富和发展。除了对理性主义道德观的批判之外，他的最主要贡献之一就是从感觉经验的源头上为道德感找根据，从而将知识论和道德哲学在原始经验的基础上统一了起来。如我们所知，休谟在探讨人类知识的起源时，将人心中的知觉分为印象和观念两类，又将印象分为感觉印象和反省印象。感觉印象是最原始的，是不经任何先前的知觉，由对象作用于外部感官而产生于人心中的。反省印象是在原始印象的基础上，通过对原始印象的直接反省或间接反省（不是反省原始印象本身，而是反省原始印象复现时的观念）而产生于人心中的，它包括了各种情感和情绪。根据这一分类，与道德紧密联系，并作为一切道德之基础的情感实际上是从对原始感觉印象的反省中产生出来的。原始的感觉印象包括声、色、味、嗅、触等五官感觉，也包括苦和乐的感觉。声、色等五官感觉只从各个方面传达事物的形象，与道德没有直接关系，因此，道德感不是从对这五种感觉的反省中产生出来的，而是从对苦和乐的感觉的反省中产生出来的。而且这种苦和乐的感觉与单纯的肉体苦乐也不相同，它们是一些"特殊的苦或乐"。这些苦和乐之所以特殊，就在于只有我们观察某种行为或品性时，它们才表现出来，使我们马上获得了有关这种行为或品性善或恶的情感。休谟没有细说由那种特殊的苦乐感觉到道德情感的转换过程，他倾向于认为它们的产生是"直接的"。因为如果承认它们之间有转换关系，就有不得不承认它们之间存在"推理"的危险，而休谟是坚决反对得出这样的结论的。因此，他反复强调苦乐感觉的出现和道德情感的产生之间的直接性。"我们并非因为一个品性令人愉快，才推断那个品性是善良的，而是在感到它在某种特殊方式下令人愉快时，我们实际上就感到它是善良的……我们的赞许就涵摄在它们所传来的直接快乐中。"休谟对这种直接性的强调成为后来伦理学直觉主义的一个理论源头。

　　总之，休谟通过对感觉印象和反省印象的分析，为他的道德理论找到了最原始的根据。那就是，凡是使我们产生快乐的行为或品性就是善的，应当受到称赞；凡是使我们产生痛苦的行为或品性就是恶的，应当受到谴责。同时，道德感不但具有价值评价的意义，还有伦理规范的意义。它促使我们在行动中做那些能产生快乐的事情，不做并制止那些能引起痛苦的事情，从而达到抑恶扬善的目的。

为了更全面地说明情感对道德的决定作用，休谟还从情感的角度对理性主义者所说的理性活动作了另一种理解。他认为，道德领域完全是情感活动的领域，在这个领域中，情感根据自己的规则发挥作用，与理性的活动无关。理性主义者认为，人的意志和行为动机是受理性指导的，是理性的深思熟虑的结果。休谟不同意这种观点。他认为，情感可以分为猛烈的情感和平静的情感。猛烈的情感往往是突发的、暂时的，它与特定对象的特定状况有密切关系；平静的情感是经过长期习惯已经成为"行为准则"，并对灵魂起主导作用的情感，它的特点是可以从长远的观点着眼来决定人的行为。而理性主义者正是把这种平静的情感误认为是理性。这样，休谟就进一步将理性从道德领域中驱逐出去了。

何种道德品质能引起我们的道德感

我们的一切道德活动来源于道德感。道德感是我们心中的一种情感，是道德活动中内在的、主观的因素，最终由我们心中的某种特殊的苦乐感所决定。可是，这种特殊的苦乐感和相应的道德感并不完全是主观自生的东西，它们是通过对人的各种行为和品性的观察而产生出来的。作为道德活动的对象，这些行为或品性是道德活动中外在的、客观的因素。那么，对于一个道德观察者而言，何种行为或品性能够给他带来快乐，并因而被认为是善的、正当的，应当赞扬和追求？何种行为或品性能够给他带来痛苦，并因而被认为是恶的、不正当的，应当谴责和摒弃？这是由道德感理论自然引出的深一层问题，它涉及对善和恶的基本道德概念的规定。

休谟详细考察了能引起道德感的行为或品性的性质，并将它们归结为四个特点，即凡是对他人有用、对自己有用、直接使他人愉快、直接使自己愉快的行为或品性，就是有价值的、善的、正当的，否则就是无价值的、恶的、不正当的。为了说明这个观点，休谟举了一个形象的例子：

"我们假定一个人对另一个人说：'你把你的女儿嫁给克里安提斯是非常幸运的。他是一个正直而仁慈的人。每一个同他交往的人都肯定会得到公正良好的对待。'另一个人说：'我也为你这位女婿的远大前程表示祝贺。他刻苦学习法律，对人事和商务有敏锐的洞察力，并很早就获得了这方面的知识，这些预示着他能得到巨大的荣誉和进步。'第三个人回答说：'你说克里安提斯是一个精通商务和非常勤奋的人使我很奇怪。最近我在一群快乐的人中见到他，在我们的交谈中他是一个举足轻重的人物。他机智而高雅，豪爽而不做作，他的知识渊博，谈吐得体。我以前从来未看到任何人能与之相比。'第四个人说：'如果你更熟识他，你就会对他更加赞赏。你在他身上看到的那种快乐，并不是因为与人交往而突然迸发出来的，而是贯穿于他的整个生活过程的始终，并使他永远保持面容的安详和心灵的平静。他遇到过严峻的考验、不幸和危险，但由于他心灵的伟大，他战胜了这一切。'"

在这个例子中，休谟借四个人之口，分别描述了对他人有用、对自己有用、直接使他人快乐、直接使自己快乐的四种品性。休谟说，具有这四种品性的人就是"德性完美的人"。

在这里，最值得注意的是休谟把道德对象是否有用作为道德评价的标准，这使他成为近代西方伦理学中功利主义的倡导者之一。他认为，喜欢和赞扬有用的东西，厌恶和谴责无用或有害的东西，是人的本性使然。即使对于无生命的物体，只要它的构造和功能有利于它发挥效用，总会得到人们的赞美。比方说，一艘船的形状是流线型的，就会得到赞美，因为这种形状对它的航行是有利的。尽管我们不能因此说无生命的物体是有道德的，但同样的原理可以用于说明道德对象，而且对此不需要任何证明，仅凭日常生活的经验就可以明白。

道德对象的有用性表现在两个方面，一个是对道德行为者自己有用，一个是对他人有用。就前者而言，不论任何道德品性，只要它对具有这个品性的人是有用的，就是值得称赞的，只要对他是有害的，就应当受到谴责。他还具体列出了对行为者有用的品性，这些品性都是与个人的道德修养相关的，其中包括审慎、进取、勤奋、刻苦、俭省、机智、稳重、明辨、节制、冷静、耐心、持久、坚忍、深谋远虑、周到、守密、友好、礼貌、沉着、思维敏捷、表达流畅等。

对他人有用的品性是在人与人的交往中表现出来的，如果将它社会化，就是对整个社会有用的品性，因此它可以归入社会道德的范畴。一个品性对社会有用就是指它能够促进社会的普遍利益和人类的幸福。休谟认为这样的品性包括仁慈、博爱、慷慨、和蔼、怜悯、宽厚等。

尽管休谟反复强调，在道德评价中，道德对象的有用性是重要因素，但他不认为是唯一因素。在他看来，还有一些因素也是道德评价中经常考虑的，但它们不一定具有前一种因素的有用性。这就是休谟所说的能使自己或他人愉快的品性。使自己愉快的品性包括崇高、自尊、勇敢、平和的心态、敏锐的鉴赏力等，使他人愉快的品性包括机智、雄辩、谦虚、文雅、庄重、礼貌等。

上述四种品性对于道德评价固然重要，可是，由谁来确定它们是否有用、是否令人愉快呢？难道不会出现"仁者见仁、智者见智"的情况吗？休谟对此作了回答。他认为，一个品性是否有用，是否使人愉快，不能由被评价的道德行为者或与他有利害关系的人来确定，而应该由与他们均无关系的"旁观者"来确定。正如休谟举出的那个例子中，对克里安提斯作出评价的不是他本人，而是四位旁观者。这就是休谟为道德评价所规定的"旁观者立场"。

既然道德的评价者是"旁观者"，由此就可以引出道德评价的三个特性。第一个特性是对评价者的无利害性。因为评价者不是当事人，而是旁观者，所以被评价者的品性有用与否、使人愉快与否，都与评价者无关，因此评价者在作出道德评价时，可以超脱于具体的人和事，不考虑对自己是否有利。第二个特性是道德评价的客观性。因为当这样的旁观者观察一个人的品性时，这些品性是客观存在的，它们是否有用、是否使人愉快，是有客观标准的，完全不依旁观者的主观愿望和好恶为转移。第三个特性是道德评价的普遍性。这一特性可以从前两个特性引申出来：既然一个品性是否有用、是否使人愉快是客观存在的，与旁观者的个人利害无关，那么，一个旁观者作出的道德评价也就超出了他个人的狭小范围，必定适用于其他的旁观者，从而使道德评价成为人们普遍认可的。

当然，要使道德判断成为公正的、客观的、普遍的，"旁观者"本人的道德品质和价值取向至关重要。由于任何"旁观者"都不是不食人间烟火的超人，他们都在复杂的社会生活中形成了自己特定的道德要求和价值取向，即使对于什么是苦、什么是乐、什么是有用、什么是无用，也会有不同的理解和看法，很难取得完全一致的意见。因此，休谟所设想的客观公正的"旁观者"只是理论上的理想人物，在实际生活中是很难找到的。不过，休谟试图从道德对象中寻找道德判断的客观标准，这个做法是值得称赞的。因为根据道德感理论，决定道德判断的是人的主观感觉，即道德感。而现在，按休谟的说法，道德对象的客观性质也对道德判断起重要作用。这样一来，道德感的决定作用就受到了一定的限制，它在某种程度上受到道德对象的客观性质的约束，道德评价必须在主观感觉和客观性质的共同作用下被完成。那么，道德评价中主观和客观两方面的因素如何协调起来呢？普遍的道德准则是如何在主观因素和客观因素的协调中形成的呢？休谟对此作了说明，这就是他关于同情、仁慈和自爱相互关系的学说。

同情、仁慈和自爱

人人都知道，感觉是私人的，我的感觉不是你的感觉，反之亦然。感觉又是因人而异的，即使对同一个对象，两个人的感觉也不会完全一样。感觉的私人性和相对性是经验主义者普遍同意的一个基本原则。根据这个原则，虽然道德感是以人的道德行为和品性为对象的特殊感觉，但它同其他感觉一样，也是私人的和相对的。那么，在道德感基础上建立起来的道德准则和道德评价怎么能成为普遍的、客观的呢？如果它们不是普遍的、客观的，道德感理论就不能成为科学，因为科学理论的主要特征之一就在于它的普遍性和客观性。

休谟这里面临的问题是如何从私人的情感过渡到人类的普遍情感，从而说明道德感以及基本道德原则的普遍性和客观性。休谟采取的办法仍然是他所擅长的对人类心理活动的分析。他认为，在实际的道德生活中，人们可以超越私人情感的局限，达到普遍的一致性，而造成这一结果的主要原因就是人类普遍具有的同情心。

什么是同情？同情是一种心理活动。休谟对同情的心理机制作了详细的描述。他认为，一个人的情感并不是完全封闭在内心中无迹可循的，它总要通过外在的声音、姿态、表情等表现出来。当旁观者观察到这些外在的表现，就会联想到造成这些表现的原因即那个原始的情感，并且对那个情感形成了一个生动的观念，这个观念在旁观者心中转变成同样的情感。如果旁观者观察到能够引起某种情感的原因，也会联想到它可能产生的情感效果上，从而在心中形成同样的情感。也就是说，一个人的情感虽然不能直接出现于另一个人的心中，却能通过这些情感的外在表现或通过能引起此类情感的原因，被另一个人所感到，并形成同样的情感。休谟对此用琴弦作比喻："凡能激动一个人的任何感情，也总是别人在某种程度内所感到的，正像若干条弦线均匀地缠绕在一起后，一条弦线的运动就传达到其他的弦线上去，同样，一切感情也会由一个人迅速地传到另一个人，而在每个人心中产生相应的运动。"休谟所说的同情是指人和人之间情感或情绪上的互相感应、传染，而不是指一个人对另一个人的"怜悯"，尽管在通常的语言用法中，后一种情况也常被称作同情。

从上述可以看出，联想在同情的形成过程中起着重要甚至根本的作用。没有设身处地、由此及彼的联想，任何同情的形成都是不可能的。这样一来，休谟就将联想的作用从知

164

识领域扩展到道德领域。在知识领域中，通过联想，各自孤立的经验元素被联系到一起；在道德领域，通过联想，私人的情感获得了普遍的一致性。对联想原理的一贯运用，是休谟哲学系统性的表现。

就这样，在休谟看来，借助于同情，一个人的情感就可以被其他人所感到，使它超出其私人的、相对的一面，成为人们普遍具有的共同情感，道德科学就可以在这种普遍的道德情感的基础上建立起来了。因此休谟说："同情是人性中非常有力的原则""同情是道德区分的主要来源"。

为什么人会有同情？休谟没有诉诸抽象的人性，而是试图从人类的社会生活中找根据，这是十分可贵的。他说，如果我们观察动物界的状况，就会发现，那些有同情活动的动物都是群居的，都有合群的愿望，而人在这一方面最为显著。"人是宇宙间具有最强烈的社会欲望的动物，而且有最多的有利条件适合于社会。"由于社会的结合，人们就自然而然地乐于关心他们的同类，对他们发生情感。如果没有社会的结合，人们互无联系、彼此孤立，他们就不会关心他人，也不会对他人发生情感，因此也就不会有同情存在。休谟还举出大量有关同情的事例来说明他的观点。比方说，当一个人走进一幢精美、舒适的房屋，受到好客的主人的殷勤款待，感到非常愉快，这时，他就会联想到受到主人款待的每一个人也会感到这样的愉快，从而产生了同情之感；当他看到主人全家每个人的脸上都洋溢着轻松、快乐、自信、安详的表情，感到他们是非常幸福的，他心中也会产生与他们一样的幸福感。如果这时主人告诉他，他们的一个邻居暴虐而无理，经常扰乱他们的幸福生活，他也一定会同这家人一样，对邻居的恶行感到愤怒。休谟认为，只要我们从事社会活动，同情总会以不同的方式表现出来。他说："总之，不论我们走到哪里，不论我们思考或谈论什么问题，每件事都会给我们呈现出一幅人类幸福或痛苦的景象，都会在我们心中激起快乐或不安的同情活动。我们不论是在严肃的工作中，还是在随便的消遣中，这个原理都在能动地发挥着作用。"

不过，休谟将他关于同情所说的一切都限制在人类心理活动的范围内，都是以经验观察为根据的，如同他处理一切原始经验的最终根据问题一样，他拒绝超出经验的范围来说明同情的最终原因。他说："我们只要知道这是我们所经验到的人性中的一个原则就够了，我们在探讨原因时必须适可而止。在每一门科学中，都有某些基本原则超出它们之外，我们是无望发现出更普遍的原则的。对于他人的幸福和苦难，任何人都不会无动于衷。他人的幸福具有使人快乐的天然倾向，他人的苦难具有使人痛苦的天然倾向。这种情况每

166

个人都可以在自身中看到。这些原则不大可能再分解为更简单、更普遍的原则，不管你怎样试图做到那一点。而即使你能够做到那一点，这也不是我们现在讨论的题目。我们在此可以稳妥地把这些原则当成原始的原则。"

休谟的同情理论是对情感主义伦理学的重大贡献。它在不破坏道德的情感基础的前提下，在一定程度上克服了情感私人性和相对性的难题，为道德主体的情感沟通和普遍道德准则的形成提供了根据。同时，它也从一个方面说明了社会道德的来源。当他从联想的角度来说明同情的心理机制，也为同情概念充实了理论的内容，使它成为他的联想理论的有机组成部分。休谟的同情理论的最直接继承者是亚当·斯密。在《道德情操论》一书中，斯密把同情当作他的伦理学的核心概念，并在休谟工作的基础上，对同情作了严格的界定，详细分析了同情的性质和作用，论证了同情作为一切道德行为基础的重要意义，从而将同情发展成一个完整丰富的道德概念。

同情使人们的情感取得了一致性，因而使普遍的道德原则成为可能。这个原则构成了最基本的"人格价值"，是一切有情感的人共同追求的。那么，这个原则是什么呢？休谟说，是仁慈。

仁慈是一种高尚的道德心境，它的基本特征是对人类的普遍的、不计个人利害的爱。在西方近代伦理学中，仁慈是被广泛采用的一个概念，尤其在反对霍布斯等人关于人类本性"自私"和普遍"自爱"的理论时，仁慈成为一个有力的武器。在沙夫茨伯利、哈奇森等人那里，仁慈是作为人性中固有的因素存在着的，他们用这种天生的对他人的爱来对抗和批判霍布斯的天生的自爱。这种观点的缺陷是，由于它同霍布斯的自爱论同样依据于天生的人性，缺乏实证的或事实的证据，因此在反对自爱论时显得软弱无力，似乎两者只是一念之争。而休谟则不同，他不大赞同用所谓"天生"这样的说法来界定一个科学概念，如同他对任何概念都要从观察和经验中寻找证据一样（记住，没有经验证据的概念是没有意义的），他也为仁慈寻找证据。他认为，大量的观察事实表明，仁慈是由同情引起的，同情是仁慈的经验心理的基础。他说："总之，我们可以断定：如果不考虑到个人的品性、奉献或对我们自己的关系，在人类心灵中是没有纯粹对人类本身之爱那种情感的。诚然，任何一个具有人性和感情的生物的幸福或苦难，当其与我们接近并以生动的色彩表现出来时，没有不在某种程度上影响我们的。不过，这只是发生于同情，并不证明我们有对人类的那样一种普遍的爱，因为那种关切是扩展到人类之外的。"

可是，如果说人类普遍是仁慈的，似乎也与事实不符。

人类生活中自私自利、损人利己的事情不是比比皆是吗？怎么能说仁慈或对人类普遍的爱是基本的人格价值呢？人们都不否认，在人类的道德生活中还有与仁慈相对立的另一个原则，即"自爱"。实际上，人类普遍具有自爱之心，普遍关注自己的利益，这是哲学家们普遍承认的一个明显事实，对此，不存在原则的争论。可是，一旦讨论到自爱是否是人的本质属性，自爱在道德活动中是否占主导地位的问题上，争论就出现了。霍布斯提出人的本性是自私的，自爱是一切行为的根本动机的思想后，引起了长达一百多年关于人类本性和行为动机的争论。围绕这一争论，英国的道德哲学家们分成两派：一派认为自爱是人的本性，另一派认为仁慈是人的本性。前一派中有孟德维尔，他写了一本名为《蜜蜂的寓言》的书，提出了"私恶即公利"的命题，即认为人本性是自私的，而人人自私的行为最终可以促成公共的利益；后一派中有沙夫茨伯利、哈奇森和巴特勒等人，他们认为人类具有无私的仁慈之心，具有促进人类幸福和社会公益的普遍倾向，真正体现人格价值和决定人类行为方向的是仁慈而不是自爱。

在自爱和仁慈何者具有道德价值的争论中，休谟是站在仁慈论一边的。他虽然也承认自爱是人的"天性"，是"与人性不可分离的"，是人的"组织结构中固有的"，但是，

169

他明确断言人性中主要的、真正体现道德价值的部分是仁慈而不是自爱。

休谟比他的前人更全面、更系统地批判了自爱论，提出了以仁慈为核心的利他主义。他的主要观点如下：

第一，自爱论者的观点不符合经验的事实。自爱论者认为，自爱是人性中的根本原则，它是一切道德行为的出发点和目的；仁慈、友谊、忠诚等高尚品质都是由自爱派生来的，虽然人的许多行为在表面上看起来是无私的、利他的，但实际上都是为了以不同的方式满足自己的个人利益，不论是高尚的爱国者还是猥琐的小人，不论是无畏的英雄还是卑鄙的懦夫，都是如此。自爱论者的这个观点貌似有理，但很容易被明显的事实所推翻。因为在许多情况下，一个人的个人利益与公众利益并无关系，有时甚至是对立的，但这个人仍然会热衷于公益，仍然会表现出仁慈的情感。这说明，我们的许多道德情感并非像自爱论者所说的那样必定归结为自爱，我们确实具有超出自爱狭小范围的对人类广泛的爱。而且即使根据自爱论者的推理，经过千回百转的途径，将这些情感追溯到自爱上，可是，实际上，一个人在从事某种行为或表达某种情感时，极少会像自爱论者那样进行推理。而且，当一个人做出了关爱他人、有利于社会的行为，不论你如何将他的动机归结为自爱，但与那些只顾自己、危害社会的行为相比，我们仍然会尊重和赞扬前者，鄙视和谴责后者。这就说明，即使按照自爱论者的观点，我们也不能不承认人的行为有仁慈的和自私的、善良的和邪恶的之分，我们仍然会追求前者，反对后者。

第二，自爱论者自称将自爱看成唯一决定道德的东西，是为了追求理论上的"单纯性"，也就是将一切道德观念都追溯到自爱这个唯一的根源上去。休谟认为，这种对"单纯性"的盲目追求恰恰是自爱论的根本错误所在。因为无数事实证明，许多道德行为并非出自自爱，而是由于仁慈。如果像自爱论者主张的那样，将仁慈这个明显的原因抛在一边，硬要通过复杂的推理，将仁慈及种种德行还原到自爱那里去，那只能使理论牵强附会、错误百出。比如，我们往往会对弱小者表示善意和爱护，男女之间的爱情会产生出舍己为人的高尚情感，在这些情况下，我们怎么能推出自爱或自私自利的动机呢？道德的问题是情感的问题，而不是推理的问题。复杂的推理不适用于说明道德，就如同钟表中的精细齿轮不能带动满载的车辆一样。

休谟还认为，如果一定要在道德学说中贯彻"单纯性"的原则，那也不能将自爱作为"单纯性"的基础。因为与仁慈相比，自爱并不是一个良好的选择，它会带来许多与我们公认的道德原则相反的后果。他说："事实上，我们假设有

171

与自爱不同的无私的仁慈，要比假设能把一切友情和仁爱都分解为自爱的原则，更具有单纯性，更符合自然的类比。"

　　第三，任何一种道德理论都应当弘扬美德、贬斥邪恶，而自爱论恰恰相反，不论从它的内在意向上看，还是从它造成的实际后果看，对人类道德都是十分有害的，因为这个理论本身就是不道德的。休谟认为，自爱论之所以与一切美德和善良情感唱反调，就是因为它的内在倾向是完全堕落的。根据自爱论所言，任何仁慈都是虚伪的，友谊只是一种欺骗，公益精神是滑稽可笑的，忠诚只是为了骗取信任的诡计……总之，一切外表上的美好言行都是为了达到自己的阴险目的而进行的伪装。休谟对持这种自爱论观点的人及其理论表示了强烈的愤慨。他说："对于持这种原则的人，对于其内在情感与这种恶毒理论毫无二致的人，他应有何种心灵是很容易想见的。而且他那样丑陋地对待他人，那样地忘恩负义不知善报，他对他人会有何种程度的爱和仁慈就很容易想见了……如果一种哲学不容争议地给敌意和怨恨等比较阴暗的感情以特权，却不允许给仁慈和友爱以同样的特权，那么，它又该是多么邪恶的哲学呢？这样的哲学与其说是对人性的真实概括或描述，不如说更像是一种讽刺。对于荒诞不经的胡言乱语，它也许提供了合适的根据，而对于任何认真的论证或推理，它这个根据却是糟糕透顶的。"

第四，虽然自爱和仁慈都是人心中固有的情感，但只有仁慈能够成为普遍的道德准则，自爱却不能。当我们说某一品性或行为是符合道德的，这个"道德"意味着什么呢？休谟说："道德这个概念意味着全人类共有的某种情感，这种情感使同一个对象能得到普遍的赞成，使每一个人，或大多数人，都对它有一致的意见和判断。这个概念还意味着非常普遍而全面的，乃至扩及全人类的某种情感，这种情感使人的活动和行为（即使这些人是十分遥远的）都根据是否符合既定的正当性准则而成为赞成或谴责的对象。"也就是说，在休谟看来，并不是任何情感都可以成为道德的基础的，作为道德基础的情感必须具有最广泛普遍性，它不但是人们普遍具有的，而且能成为一切道德判断的真正标准。

　　那么，何种情感能够符合上述标准，成为普遍的道德基础呢？休谟认为非仁慈莫属。虽然在有些情况下，人的仁慈情感是很微弱的，远远被自爱之心所压倒，但是，不论仁慈多么微弱，它是普遍存在的，哪怕是在最自私自利者的心中也有其地位。而且仁慈总是有助于公共利益的，而每个人都可以从公共利益中受益，所以只要仁慈的行为一出现，它总会得到普遍的赞扬，即使最自私自利的人也不例外。与此相反，即使人们承认在人性中有自爱的因素，但由于自私的行为只能使当事人自己感到快乐，其他人是感觉不到的，所以它不能得到普遍的认同，反倒会因为它损害公众的利益而受到谴责。休谟认为，正是仁慈的这种普遍性和它所得到的一致赞同，使它可以成为道德的基本准则，因为只有仁慈能够"拨动全人类都与之和谐和共鸣的心弦"。

　　当然，任何人都不是内心完全充满仁慈的圣人，他或多或少总会有自爱的情感。如果仁慈是道德的基本准则，那么，如何看待自爱与仁慈共存一体的情况呢？休谟认为，任何人的心中都既有自爱的情感，也有仁慈的情感，就好像人的本性中既有狼和蛇的凶狠与野蛮，也有鸽子的温柔与平和，这是毫不奇怪的。但对于以仁慈为准则的道德理论而言，两者的共存并不影响这个理论的正确性。因为即使人心中仁慈的力量十分微弱，甚至不足以使我们采取相应的行动，但只要我们承认它的存在，我们就可以断言，它对我们的心灵仍然有指导作用。而且在其他条件相同的情况下，我们一定会由于仁慈情感的存在而清醒地选择做对人类有益的事情，拒绝做对人类有害的事情。也正由于仁慈情感的存在，我们才可以进行道德区分，赞扬促进公益的行为，谴责损人利己的行为。

"社会功利是正义的唯一源泉"

休谟关于道德感、同情、仁慈等的论述是从人的本性方面探讨道德的根源和本质，可以归入人性研究之列。但人毕竟是社会的动物，在广泛的社会交往中，为了协调复杂的社会关系，维护和促进社会成员的利益，人们形成了规范社会行为的道德准则。这些道德准则与仁慈不同，它不是源于人的道德本性，而是根据它们对社会利益所起到的促进作用。在表现形式上，它们不像仁慈那样是自然而然发生的，而是为了应付社会生活的需要而由人精心设计出来的。因此，休谟称它们是"人为的德"，称仁慈等为"自然的德"。人为的德中最重要的、对社会生活影响最大的是正义，休谟主要讨论了正义这个德。

休谟首先将正义放在不同的社会历史条件下来考察。他发现，正义并非在任何历史时期都是人类所必需的。比如，在远古的所谓"黄金时代"，由于自然为人类提供了充足的生活用品，人们各取所需，没有必要区分物品是你的还是我的，所以人们不需要用正义来规范物品的分配；另一方面，在生活物品极度匮乏时，比如在所谓的"自然状态"下，人们为了获得最低限度的生活必需品而互相争斗，这时唯一起

175

作用的原则是自保，而不是正义。休谟还发现，是否需要正义也取决于人的精神状况。当人们心中充满了仁慈、慷慨、友爱的高尚情感，人们就会全心全意为他人着想，把维护他人的利益看成与维护自己的利益一样，这时，正义是不需要的；另一方面，当人们变得极端贪婪、愚昧和野蛮的时候，任何人都不会接受正义的原则，正义也因毫无用处而失去存在的必要。休谟认为，上述情况表明，在人类的生存条件和精神状况处于极端的情况下，正义都不能存在，因为它对促进社会利益没有任何用处。不过，当人类社会不是处在上述极端的情况下，而是处在两极之间的中间状态（**人类社会大都属于这种状态**），正义就变得十分有用了，因为它可以为社会带来利益，并因此获得其存在的价值。所以，休谟说："社会功利是正义的唯一源泉，对这种德所产生的有益后果的思考，是它的价值的唯一根据。"当然，休谟对人类社会状况的历史分析是很不科学的，他所说的"黄金时代""自然状态"也都是传说或猜测，缺乏事实的根据。不过，他没有把正义绝对化、永恒化，而是把它看成一个历史的概念，依据社会条件的变化为转移，却是符合道德发展规律的正确看法。他将社会功利作为正义的唯一源泉，表现了他的社会功利主义的道德取向。

正义是如何促进社会利益的呢？休谟认为，正义对社会的最大益处是确立和稳定了社会成员的财产权。如前面所说，一个社会的存在状况是受人类生活条件和精神状态两方面影响的。首先，当生活物品还不丰富的时候，人们就把一部分物品占为己有，当作自己的财产；如果这种财产的占有不稳定，或引起了暴力的掠夺行为，社会就会遭到破坏。其次，当人们普遍有自私自利之心，他们就会只关心自己的利益，觊觎别人的利益，在情感上互相抵触，以致影响社会关系的牢固和稳定。对于人类社会的这两个破坏因素，必须依靠正义来防范和制止。正义对社会的主要作用就在于它能在物品不够丰富的情况下稳定财产占有，约束人类的私心。所谓稳定财产占有，就是要保证社会成员的私有财产权。这个要求是资本主义制度的一个本质要求。作为资产阶级思想家，休谟清楚认识到保证私有财产权对于巩固资本主义制度的重要性，所以他将正义与财产权联系起来，认为正义的起源也就是财产权的起源，没有正义，财产权也就不存在，人类社会就会陷入混乱和崩溃。

正义要起到稳定财产占有和约束人类私心的作用，必须制定一些规则，由社会全体成员来执行，否则正义的作用就是一句空话。正义的规则是人们根据社会的具体条件互相协商、允诺而制定出来的，在这个意义上，正义是一种"人为的设计"，即所谓"人为的德"。可是，如我们所知，休谟的道德体系是建立在情感活动的基础上的，情感是人内心的一种情绪或状态，不是人为设计的东西，那么，休谟如何将正义这个"人为的德"与他的道德体系协调起来呢？

休谟认为，正义虽然是"人为的"，但它同样脱离不了情感的基础，在这一点上，它并不违背情感主义的基本原则，只不过它与仁慈等"自然的德"有不同的特点罢了。下面我们可以将仁慈和正义作比较，看看休谟的具体观点是怎样的：

首先，除了物质条件方面的因素以外，正义同仁慈一样，也是起源于人的情感，只不过不是起源于对他人的广泛的爱，而是起源于自爱。人们只是为了在利益互相冲突的情况下保护各自的利益，才制定出协调和约束各种行为的正义法则。就此而言，休谟又说："自爱才是正义法则的真正根源。"

仁慈和自爱都是人类本性中固有的。仁慈作为自然的德，由于具有着眼于人类全体的普遍性，而成为道德的准则。自爱虽然也是人类自然的天性，但由于它的指向是特殊的个人，因此不能成为普遍的准则。可是，在一定的条件下，它可以使正义之德成为可能，从而对人的社会行为起规范作用，又间接地表现出某种普遍性。

其次，根据休谟的理论，道德评价的善恶标准是苦和乐的感觉，这一点对于正义之德同样适用。当我们说正义是德，非义是恶的时候，乃因为我们看到正义会给社会带来利益，非义会给社会带来损害，而有利的事情必定会使我们快乐，有害的事情必定会使我们痛苦。这种由对社会利害的观察中产生的快乐和痛苦的感觉，成为我们对正义和非义进行评价的基础，使我们赞成正义，谴责非义。

在上述评价形成的过程中，同情起着关键的作用。由于同情才使我们超出作为正义之基础的自爱心理，去感受他人在正义之下获得的利益，在非义之下遭到的损害，以至达到设身处地、感同身受的地步。这种同情在全社会中广泛发生，就形成了对正义或非义表示赞成或谴责的普遍情感。因此，休谟说，人们出于自利的动机而建立正义，而对正义的道德赞许却来自人们对互相得到利益的同情。休谟在对正义的评价中坚持以苦和乐的感觉为标准，并以同情作为情感沟通的渠道，使正义和仁慈两种不同的德在情感活动的基础上统一起来。所以他说："虽然正义是人为的，但对正义的道德性的感觉却是自然的。"

再次，正义之所以成为德主要在于它对社会的功利性，这一点与仁慈并无不同。不过，正义之德促进社会利益的方式却与仁慈不一样。仁慈主要体现的是人格价值，它可以使一个人成为高尚的，但它对社会带来的利益却是间接的，是通过仁慈的人对社会和他人所做的善事表现出来的。而且，除了少数大人物的仁慈可以为社会带来广泛的利益，大部分人的仁慈行为只是针对单个对象或具体情况而来的，因此影响较小，也较局限。而正义则不同，正义着眼于整个社会的和谐与稳定，正义的规则一旦被施行，它发生作用的方式是直接的、广泛的，马上就能为社会带来利益。更重要的是，正义的实行是全体社会成员的共同行为，只有全体成员都奉行正义的规则，正义才能行之有效。根据仁慈与正义发挥作用的不同方式，休谟进而认为，我们在对两者的道德倾向进行评价时，应当从他们的不同特点出发，才能避免偏颇。比如，任何一个仁慈行为都会得到人们的普遍赞赏，因为它表现出一个人的高尚情怀，并对受到该行为惠顾的人有利。而对正义行为则不能这样简单地看，对正义行为的评价必须着眼于它所引起的社会后果，从整个社会的范围内来考虑。一个正义的行为，比方说，一个仁慈的人拥有一笔财产，但按照正义的规则，他不是这笔财产的法定继承人，它的继承人是一个恶人，在这种情况下，正确的做法是应当将这笔财产判归那个恶人所有。就这件事单独来看，将这笔财产交给恶人对社会是有害的，但若将它放在整个社会的范围来看，由于它坚持了正义的规则，使得人人严格遵守，其长远结果对社会是有利的，最终会使每个人的利益都得到维护。所以休谟说："自然的德与正义的唯一差别只在于这一点，那就是：由前者得来的福利，是由每一个单独的行为发生的，并且是某种自然情感的对象；至于单独一个的正义行为，如果就其本身来考虑，则往往可以是违反公益的。只有人们在一个总的行为体系或制度中的协作才是有利的。"

休谟对仁慈和正义发挥作用的不同方式作了一个比喻。由每个人的仁慈给人类带来的利益可以比作由许多工匠建起的一道墙，它由一块块砖石砌成，每个工匠都为这堵墙的建立付出了自己的努力。由正义给人类带来的利益可以比作一座拱形建筑，构成这座建筑的每一块石头都自动要落向地面，而只是由于各块石头（各个正义的行为）互相支撑地结合在一起，才使整座建筑能够牢固耸立。

最后，在行为的实施方式上，仁慈与正义也不相同。由于仁慈出自人的本性，所以，虽然每个人的仁慈的深度和广度可能不同，但它们的表现都是自然的、非强制的，是人类情感的自然流露。而正义的情况就复杂得多。虽然人们可以有共同的利益感，可以形成一致的正义观念，但由于每个人的眼界是有限的，不容易透过眼前的利益看到长远的利益，又由于人们易受想象的支配，往往看重眼前的既得利益，忽视可能的长远利益，所以，人们在行动上往往为了营取小利而不顾大局，给社会造成损害。为了克服实施正义时由于人性本身的局限而带来的这种不利，就需要对人的行为施加某种强制，使人们能够按照对社会最有利的正义规则行事。为了达到这个目的，就必须建立行使这种强制作用的机构，这就是政府。政府虽然也是由单个人组成的，但是这个机构通过各种方法和机制使这些人的利益同执行正义和维护社会的任务联系起来，因而避免了一般人的短视行为。在西方近代政治学说中，许多思想家都从社会利益和法治建设方面论证政府的起源，休谟也基本遵循了这一路径，但值得注意的是，他还特别从正义的道德性质以及与个人情感的区别方面说明建立政府和法律制度的必要性，表现出更广阔的理论视野。

第 6 章

宗 教 哲 学

在西方近代哲学思想中，如何看待宗教是一个不能回避的论题。这主要是因为西方有深远的神学文化传统，任何系统的哲学理论都不能对宗教学说置之不理，也不能对宗教现象视而不见。当然，在当时宗教影响无处不在、教会势力仍很强大的情况下，不论哲学家本人是否信仰宗教，他们对宗教问题的任何探讨，都不能不考虑教会和神学家们的反应。因为任何对宗教信条的违背和亵渎都可能给他们带来失去自由甚至生命的危险。在这种情况下，那些致力于将人类思想从宗教神学束缚下解放出来的启蒙思想家，为了避免直接与教会对抗，往往采取迂回曲折的方式来表达他们对宗教神学的看法。他们有的人主张在宗教信仰与人类理性之间划出明确界线，两者互不干涉，以此为人类理性争得地盘；有的人将宗教看成人类理性活动的结果，只承认所谓的理性宗教，反对正统的启示宗教；有的人对宗教信条进行改造，将神的作用与自然界等同起来，提出一种泛神论思想；也有人公开主张无神论观点，勇敢地对宗教神学进行批判。总之，近代思想家对宗教的看法是形形色色的，呈现出不同的理论面貌。

那么，休谟是如何对待宗教的呢？从休谟的生平可知，他早在青年时期就已经对宗教信仰发生了动摇，而且在后来的学术生涯中，从来没有放弃对宗教信仰和教会腐败行为的批判。当然，休谟的批判主要是学理上的，依赖于他对宗教问题的理论思考，这就使他的批判与一般的就事论事相比，更显出其特有的尖锐性和深刻性。而且，除了批判现存的宗教之外，休谟还有一个更大的抱负，即要从根本上说明宗教这一社会现象的起源和性质，把它看成人类精神活动产物，从而彻底消除宗教的神秘性。休谟是经验主义者，可以想见，他对宗教的批判是以他的经验主义哲学为根据的，或者说，是将他的经验主义应用在了宗教神学问题上，尤其是他所主张的怀疑主义是绝对不会放过宗教这个目标的。

对上帝存在设计论证明的批判

凡是宗教都要有供人信仰和崇拜的神，不论这个神以什么样的方式出现，否则就不成其为宗教，也谈不上神的启示和宗教教义。于是，对于一切成熟的宗教来说，证明神的存在就成为其神学理论的核心部分。在西方基督教典籍中，证明上帝存在的文献如汗牛充栋，其中由经院哲学家托马斯·阿奎那提出的宇宙论证明颇有影响。所谓的宇宙论证明就是从现实世界的特征出发来证明上帝的存在。阿奎那将这样的特征概括为五个，从而提出了五个不同的证明。它们是：从物体因互相推动而运动推出必有一个第一推动者；从事物都是有因果联系的，推出必有一个第一因；从偶然事物的存在是由必然的事物造成的，推出必有一个终极的必然事物；从不完善的事物推出必有一个作为其原因的最完善的事物；从自然事物的合目的性推出必有一个设计和完成此目的的有理智的设计者。阿奎那认为，这里所说的第一推动者、第一因、终极的必然事物、最完善的事物、有理智的设计者就是上帝，因此上帝是存在的。

休谟对宗教神学的批判特别针对上帝存在的神学证明，其中又以宇宙论证明中的第五个证明，即从自然事物的合目的性所作的证明为主要对象。这个证明也被称作目的论的证明或设计论的证明，它的原理是这样的：人们通过长期的观察发现，虽然自然万物形形色色、千姿百态，实际上它们的性质、构造和作用都是符合一定目的的，从而使自然界呈现出完美的秩序。比如，日月星辰的运转，地球上四季的更替，植物的荣华枯萎，动物的繁衍生息，哪一个不表现出一定的秩序呢？说到地球上构造最精密的动物器官，这种目的性表现得更加明显。以人的眼睛为例，眼睑是用来保护眼睛和睡觉时遮挡光线的，眼睫毛是用来阻挡空气中的沙尘的，泪腺分泌的泪水是用来滋润眼睛、冲洗污物的，瞳孔缩小和放大是用来调节进入眼睛的光线的多少的，晶状体的伸缩是为了在视网膜上投下清晰的影像……即使看起来最无用处的眉毛，也是为了阻挡额头流下的汗水而生长在眼睛的上方。自然万物的构造如此精密，它们的功能如此完备，相互之间的配合如此和谐，这些都不可能是偶然的巧合，一定是根据某种目的设计出来的。这就好像一块钟表，它的齿轮、游丝、发条等部件和复杂结构都是为了使钟表运行，提供准确的时间测量而设计制造出来的一样。在这个意义上，可以说整个宇宙也是一台大机器，它由无数较小的机器组成，这些较小的机器还可以再分为更小的机器，一直分到人类感官觉察不出的细小程度。这些大大小小的机器都是根据一定的目的设计好了的，它们精确地配合在一起，使宇宙这台大机器能够和谐有序地运行。钟表的设计制造者是钟表匠，宇宙这台大机器也一定有一个设计制造者。宇宙这台大机器的设计制造者是谁呢？显然不可能是人类，因为自然万物之宏大壮丽，设计制造之奇妙精致，互相配合之协调准确，远远超过了人类的智慧和想象，是人类所无法企及的。不过，根据与钟表的类比，我们可以断定，宇宙大机器的设计制造者也同设计制造钟表的人类一样，也是有智慧、有知识、有设计制造能力的，只不过其能力要比人类大得多。宇宙的这个设计制造者就是上帝。

在休谟的时代，设计论证明是关于上帝存在的各类神学证明中最流行、最有影响的一个。其重要原因之一在于，当时自然科学的迅速发展，尤其是牛顿力学在解释自然现象方面所取得的巨大成功，从各个方面证明了自然万物的运行是有规律的，这就间接地为设计论证明提供了科学事实的根据：既然自然万物的运行是有规律的，那么，一定有一个设计制订这些规律的造物主存在。在近代，自然科学对人类思想和生活的影响是巨大的，它的理论和方法被当作一切科学研究的"样板"。因此，当设计论证明大量引用自然科学的成果来论证上帝的存在时，也给这个证明披上了"科学的"外衣，使之更有迷惑性。

休谟从对设计论的证明进行了批判，他的批判不是纠缠在具体的事实上，而是着重于它所依据的基本原理。

第一，设计论证明的类比推理不符合类比推理的相似性原则。类比推理是根据两个事物在某些属性上的相似推出其他属性上也相似的推理方法。类比推理的可靠性取决于类比对象的近似和相像程度：类比的对象越相似，推出的结论就越可靠；类比的对象差别越大，推出的结论就越靠不住。比如，我们从一个人有理性思维的能力，可以相当准确地推出其他人也有理性思维的能力，因为人与人是非常相似的。但我们不能从人有理性思维的能力恰当地推出牲畜也有理性思维的能力，因为人与牲畜是很不相似的。设计论证明依据的是自然作品与人工制品的类比推理：人工制品有设计制造者，自然作品也有设计制造者。可是，我们发现，设计论证明所类比的对象自然作品和人工制品差别太大了，根本不能保证推理结论的可靠性。比如，我们在海滩上散步，发现海浪将一块钟表冲上岸来，我们就会断定这块钟表一定有一位设计制造者。而如果我们看到海滩上的一个贝壳，我们就不会认为它是人设计制造出来的。为什么呢？因为在我们的经验中，我们知道大量工匠设计制造钟表的事实，我们在海滩上发现的这块钟表与那些钟表是同一类的（或极为相似），所以我们可以断定这块钟表也有一个设计制造者。而贝壳的

188

情况则不同，我们从来没有见过人设计制造贝壳这样的事，因此我们不会认为这个贝壳是人造的。根据这个道理，既然人工制品与自然作品是极不相同的两类物品，我们有什么理由从钟表是人设计制造出来的而推断自然万物也是上帝设计制造出来的呢？

再进一步说，在进行类比的时候，部分的性质并不一定能代表整体的性质，尤其在部分与整体差别很大的情况下。这就好像中国"瞎子摸象"的故事所言，大象的某一部分的样子，并不能代表大象整体的形象。设计论证明是将钟表、房屋、船舶、机器等物品与宇宙相比较，实际上是用部分与整体相比较，而这两者的差别是巨大的，根本没有可比性。因此我们不能从部分的东西是人设计制造的，得出宇宙整体也是由与人类似的东西设计制造出来的结论。

设计论证明不但通过类比断言万物是由上帝设计创造的，还断言这个造物主与人是相似的，进而根据人的特性来推断上帝的特性，并赋予上帝以超然于人的神圣性质。这个推理同样违反了类比对象的相似性原则。因为根据类比推理，如果我们说上帝与人是相似的，就不能赋予他以人并不拥有的性质：因为人是有限的，我们就不能说上帝是无限的；因为人是不完善的，我们就不能说上帝是完善的；因为人往往要联合起来依靠集体的力量来做成一件事，我们就不能说上帝在设计和创造世界时一定是他单独完成的，他也并非全智全能。而且，如果上帝与人真是相似的，那么，我们岂不是也可以说，人是会死的，所以上帝也是会死的，人要生儿育女，所以上帝也要生儿育女。这种亵渎神明的说法显然是神学家们无法接受的。

第二，设计论证明不符合因果推理中原因与结果相适应的原则。设计论证明是从结果推出原因：从钟表推出钟表的设计制造者，从宇宙推出宇宙的设计制造者。可是，对于由结果推出原因的推理，结果和原因应适成比例，我们只能由一定的结果推出能产生这一结果的适当的原因，而不能将原因夸大，超出产生这一结果的需要。这就好像我们从一幢房屋的倒塌，不能推断出是由于整个世界的毁灭造成的一样。设计论证明就犯了这种夸大原因的错误。因为我们所见、所知的宇宙是十分有限的，即使我们承认这个世界是上帝创造的，可是设计论证明在断言上帝创造了世界的时候，赋予他的性质和能力远远超出了他创造这个世界所需要的程度，把他说成是全智、全善、全能的。这种由有限的结果推出无限的原因的推理是不合法的，它至多只是一种猜测或假设。因此休谟说："我们决不会被允许从作为结果的宇宙推进到作为原因的朱庇特，然后再由这个原因下推出任何新的结果来……关于原因的知识既然只由结果中来，原因和结果就应当互相精确适应，而且不论原因还是结果都不能指出任何更多的东西，不能成为任何新的推断和结论的基础。"

第三，设计论证明违反了归纳推理的原则。设计论证明依据于因果推理，因果推理的基础是归纳。按休谟所说，就是从两类现象会合的大量事例，概括出两类现象有因果关系。设计论证明从房屋、机器等物品由人设计制造出来的大量事例，推出凡是这类物品都是由人制造出来的结论，依据的就是这种归纳推理。在这里，两类现象恒常会合的大量事例是推理的前提，如果没有这个前提，此类推理就不能进行。可是，设计论证明从自然物品到造物主上帝的推理，就没有这个前提，因为这里的上帝是唯一的，我们从来没有见过上帝与自然物品出现相联系的类似事例，所以在这里运用归纳是不合法的。因此休谟说："由于两类对象，根据观察，是经常联结在一起的；于是根据习惯，当我看见了其中之一的存在，便能推出其他一个的存在……但在现在的情况下，对象是单一的，个别的，没有并行的，也没有种类上的相似，怎样能应用这种论证，那就难以解释了。"

第四，将上帝的精神当作世界的创造者不是最好的选择。根据设计论的证明，上帝同人一样，是有智慧、有知识的，上帝运用其无限的智慧设计制造出世界万物。因此，上帝的精神才是世界万物的真正原因。可是，对于这一点，我们没有任何理性或经验的根据，它无非是一个假设。如果我们将精神的东西与物质的东西相比较，就作为万物的起源而言，精神的东西并不比物质的东西优越。因为不论我们将物质的东西作为万物的原因，还是将精神的东西作为万物的原因，我们都必须追问这个原因的原因是什么，都会永无休止地将这个追问进行下去。这样一来，我们关于世界的最终原因是什么的问题仍然没有解决。而且，既然精神的东西并不比物质的东西优越，为什么我们一定要将精神的东西当作世界的最终原因呢？难道我们不能将物质的东西当作这个原因吗？况且，我们周围的物质世界是早已存在的，我们对它已有所了解。既然精神的东西并不比物质的东西更优越，我们与其选择一个我们所不知的精神作为世界的本原，还不如以现存的物质世界为满足，假定这个世界的完美秩序就是物质本身所具有的。这样一来，我们就没有必要一味追求一个精神性的上帝，完全可以将这个物质世界本身就看成上帝。

以上是休谟批判设计论证明的主要观点。可以看出，他的批判是紧密依赖于经验的。他的一个基本观点是：从经验中不能合理地推出经验之外的事实，我们之所以不能证明上帝的存在和性质，其根本原因在于我们没有关于上帝的存在和性质的经验。就设计论证明而言，它所依据的类比推理和因果推理都是关于事实的经验推理，经验推理的本性是或然的，它不提供普遍必然性。因此，设计论证明的结论没有必然性的保证，它至多只是猜测或假设。

休谟对设计论证明的批判产生了很大的影响。首先，它彻底摧毁了设计论证明的理论基础，后来一切想利用或完善设计论证明的神学理论，尽管千方百计回避休谟的论证，或对其视而不见，但都未能撼动休谟的基本观点。其次，设计论证明将自然科学的成果纳入自己的证明体系中，而休谟的批判则使自然科学与神学划清了界限。他实际上指出，自然科学致力于探讨自然万物运动的规律性，它的一切成果都标志着人类对客观世界认识的进步，这些成果既不是从上帝的启示中得来的，也不能用于证明上帝存在的神学目的。这就使休谟的批判具有了为自然科学正名的意义。最后，休谟对设计论证明的批判在哲学上也有重要影响，这主要表现在它与康德的批判哲学的联系上。康德认为，设计论证明试图运用理性来证明上帝的存在，在对上帝存在的各类证明中，它是"最古老、最明晰、最合人之常理的"。然而，就是这个似乎最合理的证明，休谟却将它彻底推翻了。康德高度评价休谟的批判，认为它对有神论的攻击十分有力，实际上是无法驳倒的。由此他进一步重申了他的批判哲学的一个基本观点：人类理性有其合法使用的范围，那就是不能超出经验现象，如果硬要将它用在超验的题目上，比如用来证明上帝的存在，都是无效的。

对神迹证明的批判

在各类宗教中，大都有关于神迹的记载。所谓神迹就是指由神创造出来的超出人的能力或违背自然秩序的奇异事件。在基督教的《圣经》中就大量记载了由使徒们叙述的各种各样的神迹。比如，圣子耶稣在世间传道的时候，只要用手抚摸，就可以使病人恢复健康，使盲人见到光明；他曾经用五个饼、两条鱼喂饱了五千饥民；他还可以命令海浪平息，在海面上迈步行走。在基督教神学中，神迹常被用来证明上帝的存在和力量，宗教哲学家们称之为关于上帝存在的"特定事件和体验的证明"。在休谟的时代，神迹的证明与设计论证明一起，被当作为基督教教义辩护的两个主要论证。如果说设计论证明的效力主要表现在它所依据的理性推理上，那么，神迹证明的效力则主要表现在神迹在信徒心中所产生的惊异、敬畏和信服上。

休谟对神迹的证明进行了批判，这一批判堪称经典，其深刻性在当时是绝无仅有的。休谟的主要论点如下：

第一，神迹的证明依赖于经验的推理，其本性是或然的。

神学家们喋喋不休地谈论神迹的证据，将它们说成是千真万确的，可是，不论从任何角度看，他们的论断都是没有根据的。因为所谓的神迹无非是一些特殊的事实，只不过罕见而令人难以置信罢了。既然是事实，它们的真实性和可信性就只能由我们的观察和经验来决定。如果它们是我们亲眼所见，它们就是真实的；如果它们不是我们亲眼所见，而是根据别人的证言或观察陈述得知的，如《圣经》中关于神迹的记述那样，那么，它们的真实性就必须通过对这些证言和观察陈述的经验推理来确定。也就是说，我们就要看一看人们叙述此类证言和观察时，是否总有事实的根据，是否总与事实相一致。如果此类证言和观察陈述总是伴有相应的事实，那么，根据经验推理的原则，我们就可以相信它，把它作为一个可靠的证据。如果此类证言和观察陈述并不总是伴有相应的事实，那么，它们是否真实，就要看伴有相应事实的情况占多大比例，也就是看相应事实出现的概率是多少。证言和观察陈述的真实性与相应事实出现的概率成正比，相应的事实越多，证言和观察陈述的真实性就越大，反之亦然。比方说，如果有证言说某人用手抚摸盲人的眼睛能使他复明，而且事实上他每次这样做都是如此，那么，这个证言就是真实的。如果此人这样做时只是偶尔使盲人复明，那么，这个证言的真实性就大打折扣了。

根据这个原理来考察关于神迹的证言和观察陈述，可以看出两点：首先，这些证言和陈述是否真实必须依据对相应事实的经验推理，而经验推理在本性上是或然的，其反面总是可能的，所以，关于神迹的证言和观察陈述只能是或然的，并无普遍的必然性；其次，神迹之所以成为神迹，就因为它是罕见的特殊事实，它一定与通常的情况相反，即它出现的概率是很低的，那么根据上述原理，关于神迹的证言和观察陈述的真实性也一定是很低的，甚至完全不可信，就好像某人成千上万次地抚摸盲人的眼睛都没有使他们复明，而有人说看到他用手抚摸盲人的眼睛使他复明了，那怎么能使人相信这个说法是真实的呢？

第二，神迹概念本身就包含着对自身的否定。

凡是神迹都意味着违反自然常规，否则它就不是神迹。休谟给神迹下了一个定义："神迹是由于神的特殊意志，或由于某种不可见力量的干预，对自然法则的破坏。"这个定义与正统神学的定义是一致的。休谟将对神迹证明的批判指向了这个定义所规定的神迹概念，认为这个概念本身就包含了对自身的否定，因此在逻辑上是自相矛盾的。

休谟对此有一段著名的论述，我们不妨引述如下，以飨读者：

"一个神迹就是对自然法则的一次破坏，而由于这些法

196

则已经被牢固不变的经验确立起来了，所以，就事实本性而言，对神迹进行反驳的那个证明是充分的，与我们所能想象的任何经验论证一样充分。所有人都一定会死，铅块不能独自悬留在空中，火会烧毁木头，火会被水熄灭，这些事情之所以都超过了或然性，如果不是因为这些事情被发现是与自然法则一致的，而且要阻止它们就要破坏自然法则，还会因为什么呢？如果一件事情是在自然的通常进程中发生的，它就不会被看作神迹。一个看起来很健康的人突然死了，这不是神迹，因为这样的死亡虽然比其他种类的死亡较不常见，但还是可以不时看到其发生的。而如果一个人死而复生，这就是一个神迹，因为这在任何年代、任何国家都未曾见过。因此，对于每一个神迹之事必定有一律的经验与之相反对，否则这件事就不值得称为神迹。既然一个一律的经验就是一个证明，所以，就事实的本性看，这里就有了一个反对任何神迹存在的直接而充分的证明。这样的证明是无法被摧毁的。"

休谟的这段话不难理解，他的意思是说，（如神迹的定义所规定的那样）神迹的存在是以自然法则的存在为前提的，因为必须有自然法则的存在在先，才谈得上有破坏自然法则的神迹。然而一律的自然法则恰恰又是反对神迹存在的最充分证据。这样一来，在"神迹是自然法则的破坏"的概念中就包含着反对神迹存在的成分。

第三，从事实来看，任何所谓的神迹都是没有充分证据的。

首先，历史上任何一件所谓神迹都是没有可靠证言的。一个证言要可靠必须具备必要的条件。这些条件包括：出具证言的人应当是理智健全、受过良好教育的饱学之士，应当是品行端正的高尚之人，应当在众人中享有崇高的声望，只有这样才能保证他们的证言是正确和真实的。而且，他们在显示神迹的时候，还必须以公开的方式，在大庭广众下进行，以便能对之实行有效的检查。休谟认为，历史上对各种所谓神迹的证言和显示，都不符合这里所说的条件，因此是不足为信的。

其次，人们之所以乐于相信神迹，是因为神迹给人带来的诧异和惊讶是一种令人愉快的情绪，由此使人形成了爱好和相信奇异事情的心理倾向。这种心理倾向是十分强烈的，往往会压倒冷静的理性思考，使人们盲目相信所谓的神迹，即使这些神迹明显违反了常识。这样一来，人们为神迹提供的证言就没有任何可信之处，因为它们无非是建立在人们的好奇心上的。因此休谟说："如果宗教精神与好奇心结合在一起，常识就完结了；在此情况下，人类的证据就完全失去了它的权威。"

再次，是否相信神迹与人们的文明程度有关。当人们生活在愚昧野蛮状态下的时候，由于对自然现象缺乏正确的了解，所以很容易对奇异的事情信以为真，并往往受到"假圣人"的欺骗。与此相比，文明人相信神迹的情况就少得多，而且他们相信的神迹也大多是从他们愚昧的先人那里接受下来的。这一点可以作为"反对一切超自然的神奇故事的一个有力证据"。

最后，世界上有各种各样的宗教，它们所传诵的神迹各不相同，甚至是互相冲突和对立的。于是，不同神迹的可信性就互相削弱和抵消了，以致没有任何神迹是可信的。

根据上述，休谟得出结论说："我们可以确立如下一个公理，那就是，任何人类证据都没有充分的力量去证明一个神迹，使它成为任何宗教体系的正当基础。"

虽然这里提到的是"任何宗教体系"，但对休谟来说，他是有明确所指的，那就是在西方社会占统治地位的基督教。休谟认为基督教的基础不是理性，而是信仰，信仰是靠神迹来支撑的，所以他把基督教说成是一个迷信的体系。他断言，如果没有神迹，任何有理性的人都不会信奉基督教。只是由于神迹的迷惑，才使许多有理性的人违反常理，接受了基督教的信仰。正因为如此，休谟把揭露神迹的虚假和迷信本质当作对基督教进行批判的一项重要内容。

休谟十分了解当时流传的各种神迹表现，早在拉弗莱舍耶稣会学院学习的时候，他就广泛搜集有关神迹的各种事例，并与耶稣会士们进行争论。据说他运用他的上述原理反驳耶稣会士们的论证，经常使耶稣会士们无言以对。不仅如此，休谟还把基督教的《圣经》当作批判的靶子。他对《圣经》"摩西五经"中的神迹进行了考察。他指出，书中关于神迹的描述是由处在蒙昧时代的民族提供给我们的，而且没有任何可靠的证据可循。其中包括许多奇异的事情，比如人的寿命可以长达近千年，大洪水毁灭了世界，上帝任意确定了他的选民，以及这些选民借惊人的神迹摆脱困境，等等，都与现在的世界和人性状况不相符，而且都没有恰当的根据。如果这些神迹是没有根据的，那么，记载这些神迹的《圣经》就更无根据可言了，因此，依靠这些神迹维持的基督教信仰也必定充满了荒诞的迷信。这就是休谟对神迹的批判所得出的结论。

宗教起源于人类的生活情感

休谟不但猛烈抨击宗教的神学理论，还以科学的态度观察宗教这一社会现象，试图从人类社会发展和生活情感中发现宗教的根源，从而消除笼罩在宗教上的神圣光环。休谟的这一探讨主要是在《宗教的自然史》一书中进行的，这本书是休谟1749年至1751年在奈因微尔士的乡间写的，1757年作为《论文四篇》中的一篇发表。

休谟否认宗教观念是人天生就有的，也否认它是由原始感觉直接提供的。因为如果宗教观念是那样来的，它就应当对全人类都是共同的，就像人人都有性爱一样。可实际情况并非如此，在不同的时代、不同的民族中，人们的宗教观念是十分不同的，有的民族甚至根本没有任何宗教观念。

既然人的宗教观念不是天生就有的，那么它的出现和发展必定是一个历史过程，必定与人类社会的一定历史阶段相联系。于是，休谟仔细考察了人类宗教观念的历史发展。他发现，人类最初是没有宗教的，只是随着人类社会的进步，在原始时代的早期及随后的发展中，才逐渐形成了宗教观念，有了原始的宗教。而且宗教的形式也是随着人类社会的发展而发展的，最初的宗教是偶像崇拜或多神教，后来在多神教的基础上，才逐渐形成了以"造物主""第一因"为神性特征的一神教。

原始人是如何形成宗教观念的呢？由于对此无文字记载可考，休谟只能通过对原始人的生活条件和心理活动的分析找答案。休谟反对原始人的宗教观念是根据对自然现象的抽象推理得出来的观点。他认为，原始人的生活条件是十分恶劣的，他们缺吃少穿，只不过是"贫困的动物"。在此情况下，他们所关心的只是如何得到温饱，对于超出他们眼前生活需要的深奥题目，比如宇宙是如何构成和变化的，他们既不感兴趣，也没有思辨的能力。如果原始人的宗教观念不是来自对自然现象的抽象推理，那么就只能来自他们的情感，只有与现实生活密切联系的情感，才会使他们想到某种超然和神圣的力量，直至形成神的观念。休谟对此描述说："对于这样的野蛮人，只有人生的那些普通情感才能对他们发生作用，那就是对幸福的迫切关注，对未来痛苦的忧虑，对死亡的恐惧，对复仇的渴望，对食物和其他必需品的欲求。在这类死亡和恐惧，尤其是恐惧的扰动下，人们带着惊悸的好奇心，仔细观察未来那些原因的进程，考察人生中各种各样相反的事件。而在这混乱的景象中，他们以更加混乱、更加惊异的目光，看到了神最初的模糊迹象。"由此，人的宗教观念依稀产生了，它完全是人类情感的产物。休谟强调，在所有的人类情感中，希望和恐惧是促使宗教观念产生的最主要情感，其中恐惧起的作用更大。

在开始的时候，原始人对神是什么样，具有什么性质，并无清晰的概念。生活的无助和艰苦使他们很自然地意识到自己的生死、苦乐、祸福和未来都是由远比他们自己强大的原因所主宰的，并把这些原因当作自己希望和恐惧的永恒对象，而对这些原因本身他们却一无所知。原始人越是对自己的未来充满焦虑，就越想弄清决定他们命运的未知原因是什么样。可是视界的狭隘和知识的贫乏使他们不可能推断出未知原因的真正性质，而只能按照他们自己的样子胡思乱想，将人的形象和性质加在未知的原因上，使之有了与人相似的智慧、情感和意志，甚至有了人体的形状。于是，人格神的观念就出现了。当休谟将神的观念看成人的情感和想象的产物，他就无异于将神从天上拉回到人间，把神放在从属于人的地位上。于是，在他的笔下，宗教的神圣权威也就荡然无存了。

原始人由此产生的神的观念是多神的而不是一神的。这是因为原始人的生活经验告诉他们，世间万物的变化不但是多种多样的，而且经常是相反的。比如，太阳养育的植物会被暴风雨摧毁，而雨水滋润的植物又会被太阳烤焦；一个民族此次战胜了自己的敌人，下一次却被这个敌人打败。于是，原始人很容易想到，不同的事物是由不同的神分别掌管的，因此神的数目一定是多，而不是一。

休谟承认，在宗教的各种形式中，成熟的宗教都是一神教。如同他对宗教观念起源的看法一样，他认为人的多神观念到一神观念的发展同样是情感和想象的产物，而不是抽象推理的结果。休谟设想了由多神观念演化出一神观念的几种情况。比方说，一个民族可以在承认有多个神存在的情况下，将某一个神作为他们特殊崇拜的对象；他们可以设想，在神的权力和势力范围的分配中，他们的民族是属于这个特殊的神管辖的；他们还可以设想一个神可以成为众神的首领，就像人间的君主同他的属臣那种关系。不论根据哪种设想，最后达到的效果都是将一个神的地位凸显出来，使人们逐渐将一切赞美和崇敬加诸这个神一身，并且达到极端狂热的地步，使这个神的神性在他们心中取得至高无上的地位。于是，唯一完美的神和造物主的概念就产生了。

休谟关于多神教向一神教演变的描述，也是对在西方占统治地位的基督教的贬低。因为一神教是从多神教演变过来的，那么，就没有理由把一神教的基督教看成绝对超越于其他宗教的至上宗教。而且休谟还通过对多神教与一神教的对比指出，虽然一神教是比多神教更高级的宗教形式，但在实践后果上一神教并不一定比多神教优越。比如，多神教一般主张宗教宽容，承认各民族、各教派的神都有神性，为不同宗教传统的和谐共处创造了有利条件。而一神教则不同。由于一神教只崇拜和信仰一个至上神，因此对其他宗教的神以及相应的宗教礼仪一概排斥和打击，造成了各宗教之间的仇恨和纷争，给人类社会带来了无尽的灾难。休谟这里实际上影射了基督教疯狂迫害异端的罪恶行径。

204

虽然休谟关于宗教观念起源的观点存在很多虚构的成分，但其中也不乏有价值的见解。最主要的是，他把宗教看成一个历史的现象，认为宗教的产生是随着人类社会的发展，由无宗教到多神宗教再到一神宗教的历史过程，否定了宗教从来就有、亘古不变的旧观念。他的这个观点是基本正确的，也符合宗教学研究的一般结论。此外，休谟从人的认识能力和心理活动出发分析宗教观念的起源也有理论上的借鉴意义。他实际上指明，在人类认识能力十分低下的时候，由于无法了解自然现象的真实原因，幻想和迷信就会乘虚而入，为宗教观念的产生创造了条件。因此休谟赞成"无知是信仰之母"的格言，认为增进科学知识是破除宗教迷信的良药。休谟通过对宗教观念产生过程中心理因素的分析，提出了宗教的心理学基础问题，后来关于宗教的许多思考都是从这一问题引出的。休谟是近代系统讨论这一问题的少数先驱者之一。

不论如何，在休谟看来，人性中本来就有产生宗教观念的倾向。在人类社会发展的一定条件下，宗教的产生和存在几乎是不可避免的。因此休谟并不一概地否认宗教，而把它看成人类本性的自然而然的产物。可是，承认宗教的产生符合人性的自然进程是一回事，弄清宗教在社会生活中应当起何种作用是另一回事。休谟关心的问题是，宗教作为人性的自然产物，它在人类社会中所应起的作用是怎样的，在现实社会中它实际所起的作用又是怎样的。他认为，在这两者之间存在着巨大的差别。他试图通过对这种差别的考察，澄清什么是"真正的宗教"，什么是"虚假的宗教"，而他的真正目的是要对现实生活中的基督教进行批判。

休谟是社会功利主义者，他认为"真正的宗教"必然是对社会有利的，"虚假的宗教"必然是对社会有害的。"真正的宗教"对社会的主要作用是道德教化和维护社会秩序。在前者，就是要纯洁人的心灵，增强人的道德责任感，使人的行为人道化；在后者，就是要培养人"节制、秩序和服从的观念"，遵守社会的秩序和法律，保证社会的和平与安定。休谟认为这些是宗教活动的"用处"和"无限价值"所在。

可是，现实社会中的基督教所起的作用显然与"真正的宗教"背道而驰。虽然休谟没有绝对否认基督教在历史上可能有过积极的表现，但他明确认为，在现实生活中，基督教已经"腐败了"。这种腐败不但表现在基督教推行各种虚伪浮华的宗教仪式，而且更表现在它所带来的迷信和狂热上。

休谟专门对迷信和狂热产生的原因和表现进行了分析。他认为，迷信和狂热都与人的无知有关，但它们的心理基础不同。迷信是由软弱、恐惧、悲伤等情绪加上无知造成的，狂热是由希望、骄傲、放肆、妄想等情绪加上无知造成的。从社会影响上看，两者都是对社会有害的，但迷信对社会的危害更大。这主要是因为迷信有助于形成和加强教士的权力，而教士的权力对社会是有害的。本来，教士的职责是指导信徒的精神生活，弘扬宗教的仁爱与节制，教士本人也应当是有圣洁心灵和高尚品行的人。可是，当教士掌握了权力，就会不断挑起争斗，迫害异己，成为社会动乱的根源。为什么迷信会助长教士的权力？这是因为迷信是伴随着恐惧、忧郁等消极情绪而来的，它使人们在敬畏神的同时感到与神遥远无缘，于是很自然地向主管宗教事务的教士们求助，委托他们向神转达自己的忠心和敬仰，求得神的护佑。这样一来，教士的权力就在迷信的推动下形成和膨胀起来，迷信越深，教士的权力就越大，对社会的危害也越深重。

　　与迷信不同，狂热是一种相对独立的情绪表达。狂热者往往不受教士的管制，也不把教会的清规戒律放在眼里，因此它意味着某种自由和解放。虽然狂热的行为能够造成社会的动乱，因此是有害的，但与迷信对人心和社会潜移默化的腐蚀作用相比，它的危害要小得多。而且狂热的行为就像雷雨，很快就会过去，狂热过后带来的是社会的宽松与和平，就像雨过天晴一样。显然，休谟对狂热的评价实际上间接表达了他对英国资产阶级革命的看法，因为这场革命就是在强烈的宗教色彩下进行的。在他看来，尽管革命的目的和结果都是合理的，但过激的狂热行为是不可取的，对此应当作为历史的教训来汲取。

通过将心中的理想宗教与现实社会中的基督教相比，休谟断言，基督教是与荒诞的迷信联系在一起的，是建立在恐惧、虚伪、自私等不健康情绪的基础上的，是依靠各种虚浮的仪式和戒律来运行的，是由制造动乱的教士们来掌管的，它给人类社会造成了无尽的灾难；因此基督教已经完全背离了宗教所应具有的造福社会的功能，它不是"真正的宗教"，而是"虚假的宗教"。

简短的结语：休谟是有神论者还是无神论者

在上述的一系列论述中，休谟坚决否认宗教有超然的神圣性质，猛烈抨击正统的宗教神学理论，无情揭露基督教的罪恶行径，表现出毫不妥协的批判态度。那么，一个自然而然的问题是：休谟是否主张无神论，他是否像同时代法国的唯物主义者那样，是一位"战斗的无神论者"？

答案是否定的。虽然休谟激烈地批判宗教，但他不是一个无神论者。不论出于何种原因，至少他从来没有说自己是一个无神论者，也没有说要铲除一切宗教。反之，他在讨论宗教问题时总是强调，上帝的存在是"明白而重要的真理"，

"是我们在思维默想中不应一时或缺的唯一原理"。由于休谟坚持上帝是存在的，所以不论他对神学理论进行怎样的批判，都不表明他是一个无神论者。这也是法国唯物主义哲学家指责他对宗教作了过多妥协的一个原因。

如果我们恰当地考虑休谟对神学理论的批判，可以看出，休谟关心的不是上帝是否存在，而是在知识的意义上，神学家们提出的各类证明是否有效。在他看来，那些证明既没有理性推理的证据，也没有观察和经验的证据，因此是根本无效的。而他关于宗教起源的论述，也是要从人类生活的实际经验中为宗教的起源寻找证据。从这一点来看，同休谟一贯的哲学要求一样，他在这里主张的是一种以经验主义认识论为基础的怀疑主义，也就是说，对于没有恰当经验根据的神学理论，我们都应当怀疑。

如果我们将休谟的怀疑主义原则贯彻到底，如同他在认识论研究中所做的那样，那么应当说，他关于上帝存在的论断也是应当怀疑的，因为他同样没有提出有效的证据。当然，为什么休谟没有直接怀疑上帝的存在，没有公开声明自己是无神论者，也许是有种种原因的。比方说，他对教会方面的迫害一直心怀忧虑，经常小心翼翼地避免与教会直接冲突。这是他作为启蒙思想家的软弱性的表现。不过，后来一些主张非宗教观点的思想家继承了休谟的怀疑主义，并从实践上引出了无神论的结论。这些思想家说，如果我们不知道是否有神存在，即使有的话，我们也不知道他是否会对我们的生活发生影响，那么，我们在实际生活中完全可以认为他是根本不存在的，一心一意做我们在生活中所应做的事情。根据休谟的一贯思想，我们可以猜测，也许这才是休谟本来想说，而因为种种原因实际没有说出的话吧！

年　谱

1711 年　旧历 4 月 26 日，出生在苏格兰的爱丁堡，原姓霍姆（Home）。

1723 年　年初进爱丁堡大学就读，学习希腊语、逻辑、形而上学、自然哲学、精神哲学等课程。

1725 年　因家庭原因辍学回家，未获得学位。

1725 年—1734 年　家中自学，因兴趣而选择哲学作为一生追求的事业。1729 年发现了"新的思想天地"，形成了人性哲学的初步设想。

1734 年　3 月，赴布里斯托尔一商行做职员，数月后因与商行管事不合离去。在此期间，根据英格兰人的发音，将姓由霍姆改为休谟（Hume）。

1734 年夏—1737 年秋　在法国学习并写作，基本完成了《人性论》。

1739 年　1 月，《人性论》第一卷《论知性》和第二卷《论情感》匿名出版，经友人劝说，将书中《论神迹》一节截下未发表。该书出版后没有引起学界应有的注意。

1740年　3月，匿名发表了《最近出版的题为〈人性论〉一书的概要》，介绍《人性论》的主要思想。将《人性论》第三卷《论道德》修改完毕发表。

1741年　《道德与政治论文集》第一卷匿名出版，大受欢迎。

1742年　《道德与政治论文集》第二卷匿名发表，同样大受欢迎。

1744年　因《人性论》被指责有反宗教倾向，未能获得爱丁堡大学道德哲学教授的职位。

1745年　5月，《一位绅士给他在爱丁堡的朋友的一封信》匿名发表。

1745年4月—1746年4月　在患有神经病的青年侯爵安南戴尔家当家庭教师，其间写出《论原始契约》《论被动的服从》《论新教继承权》等文章。

1746年5月—10月　作为克莱尔将军的秘书，参加了赴加拿大的远征军，因天气原因改为进攻法国西海岸，无功而返。

1747年　10月，写《对阿奇博尔德·斯图尔特市长的活动和行为的真实说明》，1748年年初匿名发表。

1748年2月—11月　作为外交使团成员赴维也纳，受到奥地利皇帝、皇后和皇太后的接见。在都灵停留半年后回国。《人性论》第一卷的改写本《人类理智哲学论》出版，将原来未发表的《论神迹》一节收入。1758年改名为《人类理智研究》。《道德与政治论文三篇》出版，第一次署上真实姓名。

1749年—1751年　住奈因微尔士家中，写了《政治论》和《道德原理研究》，完成了《自然宗教对话录》的初稿。

1751年　《人性论》第三卷的改写本《道德原理研究》出版。被选为爱丁堡哲学会秘书。

1752年—1757年1月　任苏格兰律师公会图书馆管理员，曾受到在购书中"滥用职权"的指责。

1752年　政论著作《政治论》出版。

1754年　参加由社会名流组成的文化团体"上流社会"，同年6月被选为司库和程序与法规常设委员会委员。

1754年—1762年　陆续完成和出版了四卷六册的《英国史》。1762年迁居爱丁堡旧城的詹姆斯庭院。

1763年10月—1767年1月　应邀作为英国新任驻法公使的秘书赴巴黎，受到热烈欢迎，并与法国知识界密切交往。

1765年7月—11月　在原公使离任，新公使未到任期间，代行公使职权。

1766年　1月，离开巴黎回国。邀请卢梭同行，安排其在英国避难。

1767 年　5 月，卢梭因受迫害幻想症发作无端猜忌休谟，不辞而别返回法国。

1767 年 2 月—1768 年 1 月　应康威将军之邀在北方事务部任副大臣。

1768 年 1 月—1769 年 8 月　居伦敦，主要进行《英国史》新版的修订工作。

1771 年　迁入在爱丁堡圣·安德鲁广场的新居，后经官方批准，新居所在街道被命名为"圣·大卫街"。

1772 年　身体出现肠胃病状，三年后明显恶化。

1776 年　4 月，赴伦敦等地做最后一次旅行，临行前写下《自传》。

1776 年　8 月 25 日，在"圣·大卫街"的家中去世。葬于爱丁堡卡尔顿墓地。临终前安排了《自然宗教对话录》的出版事宜。该书于 1779 年由其侄子安排出版。

主 要 著 作

1.《人性论》第一、二卷和第三卷分别于 1739 年和 1740 年匿名出版。

2.《道德与政治论文集》第一、二卷分别于 1741 年和

1742年匿名出版。

3.《一位绅士给他在爱丁堡的朋友的一封信》，1745年5月匿名发表。

4.《道德和政治论文三篇》，1752年出版。

5.《人类理智哲学论》，1748年出版，系《人性论》第一卷的改写。1758年修订再版时更名为《人类理智研究》。

6.《道德原理研究》，1751年出版，系《人性论》第三卷的改写。

7.《政治论》，1752年出版。

8.《英国史》，1754年—1762年陆续出版，共四卷六册。

9.《论文四篇》，1757年出版。其中《论情感》系《人性论》第二卷的改写。

10.《自然宗教对话录》，1779年出版。

11.《大卫·休谟书信集》（二卷），1932年出版。

12.《大卫·休谟新书信集》，1954年出版。

参 考 书 目

1.周晓亮.《休谟哲学研究》[M].北京：人民出版社，1999.

2.周晓亮.《休谟》[M].长沙:湖南教育出版社,1999.

3.Ayer, A. J. Hume [M]. Oxford University Press, 1980.

4.Church, R. W. Hume's Theory of the Understanding [M]. London, 1935.

5.Huxley, T.H.Hume [M]. Macmillam, 1879.

6.Jones, Peter. Hume's Sentiments [M]. Edinburgh, 1982.

7.Mossner, E. C. The Life of David Hume [M]. Oxford, 1970.